完全編集版

一生使い続けたい！

ミシンの
基礎 & 応用
BOOK

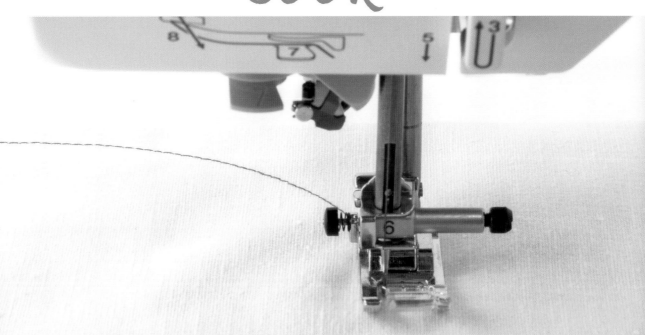

ミシンは、ただ布を縫い合わせるだけのマシンではありません。
一枚の布が立体的に姿を変えるおもしろさ、
完成した作品を前に家族やお友達の喜ぶ顔、
そして、カタカタカタと針を動かしながら無心になれるひととき──。
ミシンは、私たちにたくさんの喜びと楽しい時間を与えてくれる、
かけがえのない相棒です。
早くミシンを使ってみたいと思っているはじめてさんはもちろん、
すでに自分なりにあれこれ作っているベテランさんにも、
もっとミシンを知ってもらい、もっと好きになってほしい！
そんな思いを一冊にまとめました。
ミシンの基礎から応用までをぎっしり詰めた保存版です。

完全編集版

一生使い続けたい！

ミシンの
基礎&応用 *BOOK*

Contents

ミシン
豆知識

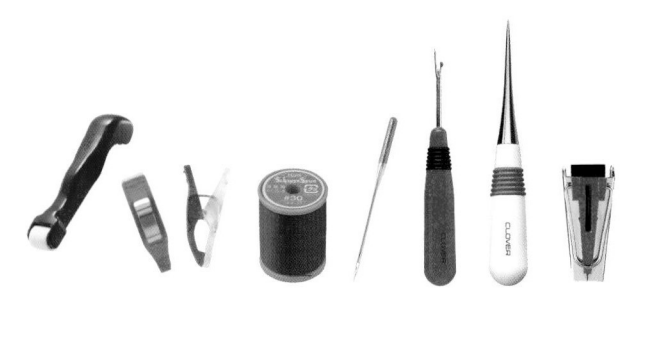

※本書は基本的に、ブラザー製「COMPAL（コンパル）1100」を使用して解説しています。
お持ちのミシンの仕様とは違う場合もありますので、ミシンに付属している取扱説明書も併せてお読みください。

基礎編

ミシンを知る

basic

基礎編では、ミシンにはじめて触れる方のために
ミシンの基本をていねいに解説しています。
上糸・下糸のかけ方、試し縫いの方法、返し縫い、布端の始末、
ミシンのお手入れなどの基本作業は、
これからの楽しいミシンライフを下支えする土台となるもの。
自己流でやっていたという方も、ぜひ目を通してみてください。
コラム「ミシン豆知識」も必見！

● プロセスに登場する数値の単位は基本的に㎝です。
● わかりやすく説明するために糸の色を変えていますが、実際は布の色に合わせた糸を使ってください。

チャートでわかる
はじめてのミシン選び

ミシンを持っていない人も、すでに持っている人もご注目！
まずはこちらのチャート式の質問に答えて、今の自分にぴったりのミシンを見つけてみましょう。

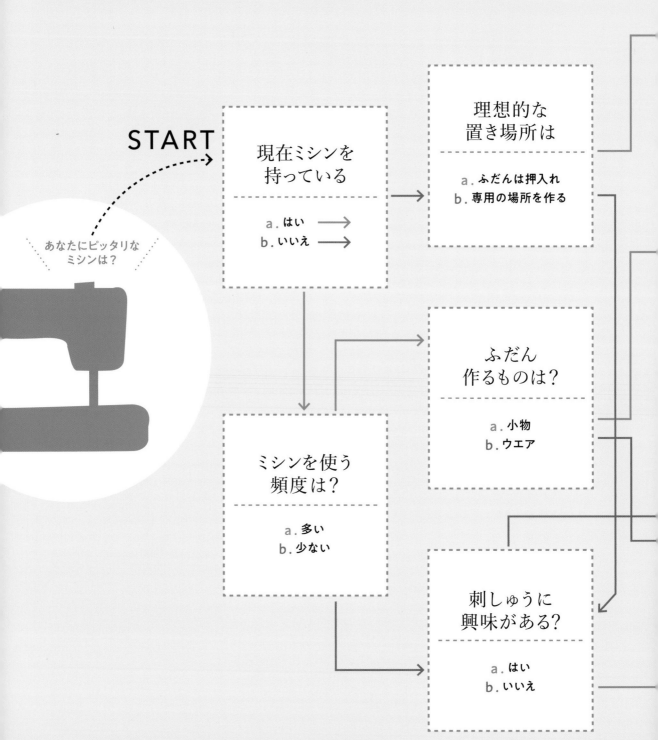

あなたにピッタリな
ミシンは？

START

現在ミシンを
持っている

a. はい ⟶
b. いいえ ⟶

理想的な
置き場所は

a. ふだんは押入れ
b. 専用の場所を作る

ふだん
作るものは？

a. 小物
b. ウエア

ミシンを使う
頻度は？

a. 多い
b. 少ない

刺しゅうに
興味がある？

a. はい
b. いいえ

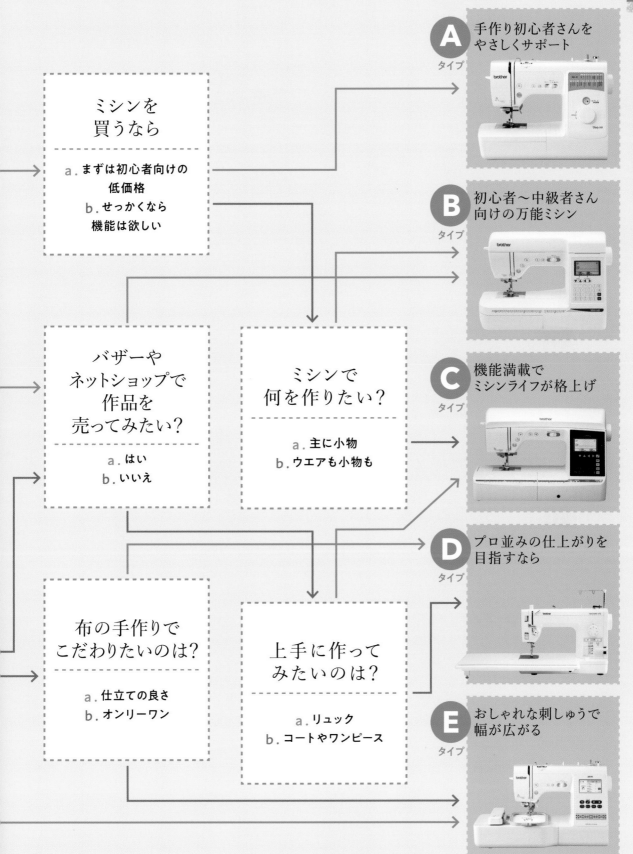

ミシンを
買うなら

a. まずは初心者向けの
　　　低価格
b. せっかくなら
　機能は欲しい

バザーや
ネットショップで
作品を
売ってみたい?

a. はい
b. いいえ

ミシンで
何を作りたい?

a. 主に小物
b. ウエアも小物も

布の手作りで
こだわりたいのは?

a. 仕立ての良さ
b. オンリーワン

上手に作って
みたいのは?

a. リュック
b. コートやワンピース

A タイプ　手作り初心者さんを
やさしくサポート

B タイプ　初心者〜中級者さん
向けの万能ミシン

C タイプ　機能満載で
ミシンライフが格上げ

D タイプ　プロ並みの仕上がりを
目指すなら

E タイプ　おしゃれな刺しゅうで
幅が広がる

A タイプ のあなたはコチラ!

入園入学グッズからスタートする手作り初心者さんをやさしくサポート

レバーを下ろすだけで針穴に糸が通り、難しい糸調子もミシンにお任せ。縫い始めの手間を省いて、すぐに作品づくりが楽しめる機能が目白押し。入園入学グッズからスタートする初心者さんにおすすめです。

Teddy 100（テディ100）
フットコントローラー、ワイドテーブルは別売。
高さ30.7×幅41.9cm、奥行19.7cm。質量6.8kg。

持ち運び簡単!

持ち手がついているので、使わないときはクロゼットなどに収納できる。

ダイヤルで模様が選べる

ダイヤルを回すだけで16種類の縫い方をわかりやすく選べ、すぐに縫い始められる。

使いやすい機能搭載

スタートや返し縫い、糸切りもスイッチひとつでOK。裁ち目かがりやボタン穴など頻度の高い押えは標準搭載。

動画で簡単手作りを応援

さまざまなアイテムが作れるレシピと動画を公開。途中で迷ったときも安心の充実サポート。

B タイプ のあなたはコチラ!

小物作りが大好きな方に!新たな素材にもチャレンジできる中級者さん向け万能ミシン

今まではあきらめていた手ごわい素材が、スムーズに縫えると評判。「ロングJ押え」「ロング送り歯」「スクエア送り」の3つの機能でどんな素材でも美しく縫えるので、ソーイングの幅が広がります。

SOLEIL600（ソレイユ600）
高さ30×幅44.4cm、奥行24cm。質量8.8kg。

大型液晶画面

使いたい模様や、縫い目の長さ、振り幅などもここで一括操作できるから簡単。

オーガンジーも重ね縫いもOK!

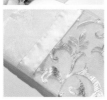

厚いデニムの重ね縫いも、異素材の重ね縫いもスイスイ。小物はもちろん、ウエア類もOK!

3つのポイントでスムーズな縫い心地を実現!

ロングJ押え

先端の傾斜がなだらかになった押えで、段差もラクラク乗り越えられる。

ロング送り歯

従来より2歯分長くなった送り歯と「ロングJ押え」で、生地をしっかり挟み込む。

スクエア送り

円形に動いていた送り歯を水平に動くように改良。より長く生地を送ることができる。

長く生地と接している
従来
新

のあなたはコチラ！
タイプ

大物やウエア、キルト作品などもお任せ！
頼れる機能満載で
ミシンライフが格上げします

「ロングＪ押え」「ロング送り歯」「スクエア送り」の３つの
機能に加え、さらに進化した機能を多数搭載して、これ
まで以上に快適なミシンライフを約束してくれるハイク
オリティミシン。創作意欲が高まること間違いなし！

コンパル
COMPAL 1100

高さ30×幅48cm、奥行24.9cm。質量9.7kg
（補助テーブル未装着時）。

両手が使える「ニーリフター」

※画像はコンパル1500S

ひざで押えの上げ下げができ
るレバー。フットコント
ローラーと同時使用で作業
効率がさらにアップ！

「自動糸切り」で作業がスピーディ

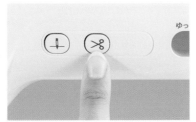

ボタンひとつで上糸と下糸を同時にカッ
トしてくれる。ハサミを使う手間が省け
て時短に（自動プログラム設定可）。

「ワイドテーブル」で大物もお任せ！

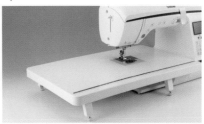

広い作業スペースが確保できる「ワイドテー
ブル」付き。ウエアや大きなインテリアグッ
ズを作るのに便利。

液晶画面でダイレクト選択

縫いたい模様をワンタッチで選び、
即スタートできるダイレクト選択。
押えの下ろし忘れなども、エラー
メッセージとして教えてくれる。

フリーモーションも思いのまま

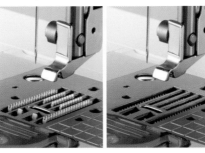

送り歯を下げ、生地を自由に動かすことができ
るドロップフィード。キルトのフリーモーショ
ン（別売りアタッチメント使用）や手縫い風の
ステッチに。

使える！「止めぬいスイッチ」

ボタンを押すだけでその場で止め縫いを
してくれる。素材や模様によって返し縫
いと使い分けて（自動プログラム設定可）。

「止めぬい」
の解説は
p.41 へ
GO

D タイプ のあなたはコチラ!

プロ並みの仕上がりを目指すなら職業用ミシンがおすすめ。厚地も薄地も安定した縫い目を実現

もっと正確に、もっと美しく縫いたい、そんな方におすすめなのがこちら。本体は金属製で重く、パワフルで、直線縫いに特化していたり、上糸、下糸それぞれで糸調子をとったりと、家庭用ミシンとは違いますが、その分、作品の完成度が高まるのは言うまでもありません。

Nouvelle 470 ヌーベル

補助テーブル・フットコントローラー・ソフトケース付き。平柄（HL針）用。高さ32×幅46㎝、奥行19.5㎝。質量11kg（補助テーブル未装着時）。※写真は補助テーブルがついた状態

下針送り

送り歯に小さな針がついていて、縫いずれや横ずれが起きやすい柔らかい布もしっかり送ってくれる、ブラザーオリジナル機能。押えを上げると針が自動的に下がる。

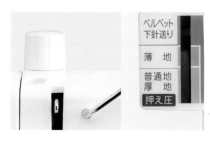

押え圧力調節

「押え圧力つまみ」を回し、布に合わせた最適な押え圧力に調節できる。薄地なら押え圧を弱く、厚地なら強くしてしっかり押さえる。

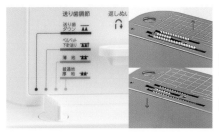

送り歯高さ調節

「ドロップフィードつまみ」で送り歯が上下できるので、薄地から厚地まで布に合った送り歯高さが選べる。

上糸調節

上糸調節に目盛りと数字があるので、ダイレクトな調節がしやすい。上糸調節皿への糸かけミスも防止する。

職業用ミシンの特徴

下糸はボビンケースにセット

 →  →

下糸を巻くボビンは、家庭用とは違うステンレス製。パワフルな回転速度への耐久性があり、摩耗にも強い。

職業用ミシンはボビンケースで下糸の微調整をすることができる。ボビンケースにボビンをセットして糸端を持って垂らし、上下に少し振ったときにやや引っかかりながら落ちる程度がよい。糸の調節はボビンケースの外側にあるネジを回して行う。

家庭用ミシンの水平釜とは違い、垂直釜にボビンケースをセットするのが職業用ミシンの特徴。

糸の撚り戻しを調節

糸のよじれを直しながら上糸を送るための「三つ目糸かけ」。糸調子を整え、目飛びを防ぐ。

水平釜と垂直釜の違いの解説はp.14へGO

8

E のあなたはコチラ!
タイプ

刺しゅうも縫製もどちらも楽しめる 欲ばりミシン。 オリジナル図案で オンリーワンを作ってみては?

簡単なセッティングだけで刺しゅうを施すことができるミシン。子供の持ち物にワンポイントをつけたり、シンプルな小物やウエアを刺しゅうでグレードアップさせたりも自由自在。もちろん布を縫い合わせる実用縫製もこなす、一挙両得の一台です。

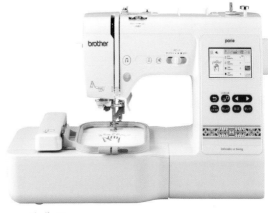

parie
バリエ

〈本体のみ〉高さ30.7×幅41.9㎝、奥行19.4㎝。質量7.1㎏。〈刺しゅう機付き〉高さ30.7×幅52.2㎝、奥行21.8㎝。質量8.6㎏。

細かい図案がきれいに仕上がるのもミシンならでは

内蔵する図案でも、配置や糸色次第でデザインは無限大! 手刺しゅうではかえって難しい細かい図案が正確に刺せるのも、ミシンならでは（内蔵の刺しゅう模様は、個人使用目的かつ非営利目的でのみ使用可能）。

刺しゅうをするときは枠をはめて

刺しゅう機をセットし、枠に布をはめる。ボタン1つで刺しゅうが始まり、1色縫い終えると自動的に止まる。

好きな刺しゅう図案が 手軽に作れる

手持ちの写真や画像を刺しゅうデータに変換して図案を起こし、オリジナル刺しゅうが楽しめるアプリケーション（別売）。

2750種類の文字刺しゅうデータを無料で追加できるサービスも人気。

ミシン
豆知識

電子ミシンと コンピューターミシンの違い

「電子ミシン」とは、電子回路でモーターを制御するミシンを指し、実用的な模様（簡素な模様）が縫えるシンプルなタイプが多い。いっぽう、「コンピューターミシン」は、文字通りコンピューターで制御するので、縫い目の設定や複雑な模様や刺しゅうなど、さまざまなプログラムが搭載できる。安全装置（エラー音・メッセージ）、自動糸切り、タッチパネルなど、プログラム機能の充実はもちろん価格と比例する。

ミシンの各部の名称とはたらき

ここでは家庭用ミシンの機能について解説します。機種によって多少の違いはありますが、各部の名称や基本的な機能を理解しておくと、作業に役立ちます。

※ ここではブラザー製「COMPAL1100」を使ってご紹介しています。

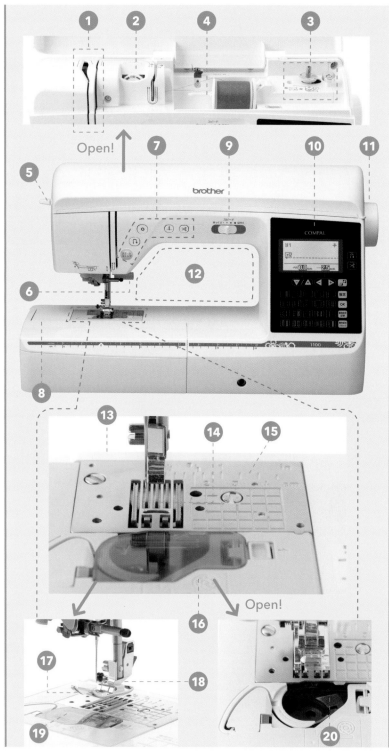

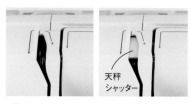

天秤シャッター

1 天秤

上糸をかけて、糸こまから必要な糸量を引き出したり、不要な糸量を戻したりしながら、縫い目を引き締める役割をする。最近のミシンでは表に出ていない内蔵タイプが多い。上糸のかけ間違いを防ぐ〝天秤シャッター〟付きの機種も（➡p.15）。

上糸調子
よわく ‥‥ つよく
自動

2 糸調子ダイヤル

上糸の調子を調整する機能があり、標準は普通地を縫う場合の目安。機種によっては自動糸調子機能搭載のものや、液晶画面で設定するタイプもある（➡p.18）。

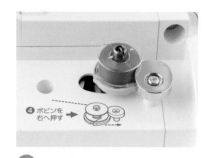

❹ ボビンを右へ押す

3 下糸巻き装置

下糸をボビンに巻くときに使用する機能（➡p.14）。

4 糸たて棒

糸こまを差し込む棒。使用する際は必ず「糸こま押え」をはめる（➡p.15）。

5 糸通しレバー

レバーを下ろすと糸通し装置（➡p.15）が下がり、自動的に上糸を針穴に通すことができる（機種による）。

ミシンの裏側

6 押えレバー

押えを上げ下げするときに使う。また、このレバーを上げることでミシン内にある糸調子皿が開く。これが開いた状態で上糸をかけないと糸調子が取れないので、上糸をかける際は必ず押えを上げる（➡p.15）。

7 操作スイッチ

スタート／ストップスイッチや返し縫いスイッチのほか、針上下スイッチ、糸切りスイッチなどの機能がある（➡p.17）。

8 テーブル

縫う際に布を広げておくスペース。大きいものを縫う際は〝サイドテーブル〟を追加して広げたり、筒状のものを縫うときは逆にはずしたりもする。テーブルが小さいと、布の重さで左へ引っぱられてしまいがちなので注意する。

スピード
ゆっくり ・・・● はやく

9 スピードコントロールレバー

レバーを左右に動かして、縫う速さを調節する（➡p.17）。

10 操作パネル

模様の選択や、縫い目の長さや振り幅など、ミシンの設定をここで行う。液晶画面のほか、ダイヤル式タイプの機種もある（➡p.16）。

11 プーリー

縫い目を1針ずつ送ったり、針を上げ下げするときに使う。回すときは必ず手前に回すこと。上糸をかけるときはプーリーが正しい位置にあることが重要。溝がついているタイプは、溝が上にきているのが正しい位置。

12 ふところ

針より右側の空きスペースのこと。インテリア小物やウエアなどの大きな作品の場合は、ふところが狭いと窮屈。また、重いミシンを運ぶときは、このふところに腕を通して動かすと安定して持てる。

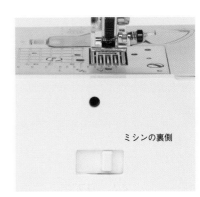

ミシンの裏側

13 ドロップレバー

補助テーブルをはずしたミシン裏にあるレバー。送り歯を上げ下げでき、フリーモーションキルトなどを縫う際に使う。

14 送り歯

布をつかんで奥に送る働きをする。歯の本数が多いものや、歯が長いものは送る力が強い。

15 針板

まっすぐに縫うための目盛りなどがついている。直線を美しく縫いたいときには、ここを「直線針板」に取り替えることもできる（➡p.41）。

16 針板カバー

釜の掃除をするときなどに取りはずす（➡p.32）。

17 押え

布地を押さえる働きをする。縫い方に合った押えを選んで取り付ける。

18 押えホルダー

押えを取り付けるホルダー。「ウォーキングフット」（➡p.31）などの押えを使用する際は、ホルダーごとはずして取り付けることも。

19 針板ふた

釜の上にセットする半透明のふた。ボビンを出し入れする際に取りはずす。

20 釜

針板ふたを開け、下糸を巻いたボビンをセットする所。

11

ミシン針とミシン糸

ミシン針やミシン糸は、素材に合わせてきちんと選ぶと縫い目も美しくなり、作業トラブルが減らせます。
正しい選び方と、上糸と下糸の正しいかけ方をマスターしましょう。

ミシン針

「家庭用ミシン針」と呼ばれる針は、大きく分けて3種類の太さがあります。布に合わせて使い分けましょう。また、曲がったり、針先が摩耗したりしてくると、目飛びなどの原因になり、そのまま使用を続けるとミシンの故障や思わぬケガにもつながりかねません。針は消耗品と考えて、定期的に交換しましょう。

針の
取り替えどき
については
p.108へ
GO

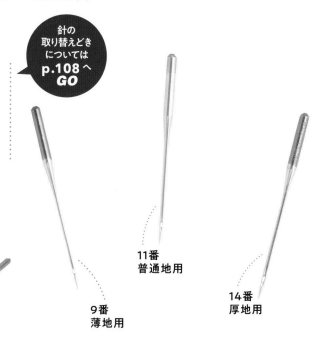

**11番
普通地用**

**14番
厚地用**

**9番
薄地用**

家庭用ミシン針の特徴

根元の半分が平らになっていて、断面がかまぼこ型をしている。これは、取り付けるときに向きを間違えないようにするため。また、針をよく見ると溝が掘られており、ここに糸が収まって針穴に通るという仕組み。

溝がある

ミシン針は
ピンクッションで
保管

ミシン針を交換したときの手の脂がついたままケースに戻してしまうと、サビの原因になるので、ピンクッションに刺して保管するとよい。

ミシン針の取り付け方

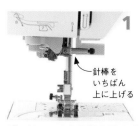

1

針棒を
いちばん
上に上げる

プーリー、または針上下スイッチを使って針棒をいちばん上に上げる。押えは下ろしておく。

2

針止めねじ

左手でミシン針を持ち、針止めねじを少し緩め、針の根元の平らな面が後ろ側（針穴が正面）になるように差し込む。

3

ミシン針をいちばん奥まで差し込み、付属のドライバーで針止めねじを締める。

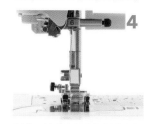

4

完成。はずすときは押えを下ろし、左手で針を支えながら、ドライバーでねじを緩める。針が針板の穴に落ちないよう、押えの下に布か紙を敷いて穴をふさいでおくと安心。

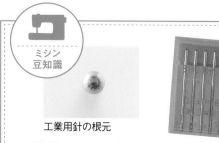

ミシン
豆知識

工業用針の根元

工業用ミシンの針は根元が丸い

ミシン針には〝家庭用ミシン針〟のほかに、職業用ミシンに多く使われる〝工業用ミシン針〟があります。〝工業用ミシン針〟は、〝家庭用ミシン針〟と違い、針の根元が丸くなっているのが特徴です。針の根元が丸いと、取り付けるときに針穴の位置が微妙にずれることがあるので（職人さんによっては、あえてずらして縫う人も！）、注意が必要になります。しかし、丸いことで負荷が分散され、針自体の強度が高くなるので、パワーのある工業用ミシンにも耐えられるのです。

ミシン糸

ミシン糸は糸こまに巻かれた状態で販売されています。綿やポリエステル、ナイロン、絹などの素材があり、よく使われるのはポリエステル素材です。糸の太さは布の厚みに合わせて選びます。

90番
薄地用

60番
普通地用

30番
厚地用

さまざまなミシン糸

一般的な布であれば、厚みに合わせて糸の番号を選ぶ。ニットやジャージー素材を使ってウエア類を縫う際は、伸縮性のある専用糸を使うとよい。ラメ糸などの張りの強い糸を使う場合は、糸に付属するネットを上糸の糸こまにかぶせると、糸出しのテンションを調節できる。

ラメ糸

ラメ糸

糸にネットをかぶせて棒に立て、糸こま押えをつける

ネットのすき間から糸を出す

ニット専用糸

ミシン針と糸の組み合わせ方

薄地、厚地の分け方は目安です。複数枚重ねて縫うときや、違う素材同士を縫い合わせるときなどは、試し縫い（➡ p.18）で様子を見ながら針と糸を選びましょう。

素材ごとの針と糸の選び方は
p.36へ
GO

薄地	普通地	厚地
ローン、ジョーゼット、オーガンジー、ガーゼ、綿サテン、裏地など	ブロード、タフタ、リネン、タオル地、ワッフル、シーチングなど	デニム、帆布、カツラギ、ツイード、コーデュロイ、キルティング地など

90番	60番	30番
9番	11番	14番

※20番以下の太いミシン糸は、糸通し装置の故障や針折れの原因になるので使用しません。

NG

手縫い用糸をミシンで使わない！

ミシン糸のようにこまに巻かれている手縫い糸があるが、糸の撚り方が逆で代用はできないので、必ずラベルで確認を。手縫い糸は糸こまが花のような形をしていて、区別しやすくなっているものもある。

下糸・上糸のかけ方

ミシンが進まなかったり、縫い目が乱れたりする原因の多くは、下糸と上糸の間違ったかけ方です。正しいかけ方のポイントを理解しましょう。作業の途中で不具合が起きたら、ここへ戻ってかけ方を見直してみましょう。

下糸の準備

「下糸巻き装置」を使ってボビンに糸を巻く。順番通りに糸をかけたら、ボビンを右に移動させてスタートスイッチを押す。ボビンに均等に糸が巻けない場合は、途中で目打ちを使って糸をガイドする。巻き終わったら自動的に止まるので、付属のカッターまたはハサミで糸を切る。

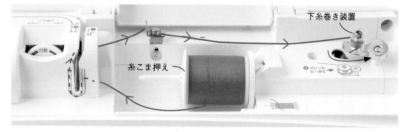

手前下から糸が出てくるように糸こまをセットし、必ず付属の「糸こま押え」をつける。

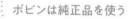

ボビンは純正品を使う

11.5mm

各メーカーから発売している純正品のボビンは、現在厚さ11.5mmのプラスチック製で統一されている。厚みや形状が違うと、故障の原因になるので注意。

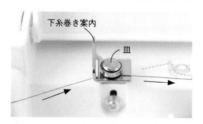

奥までしっかり糸をかける

「下糸巻き案内」と「皿」にしっかり糸をかけることが、大事なポイント。糸が皿の下を通っているかを確認する。

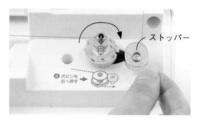

糸は時計まわりに巻く

糸はたるまないようピンと張った状態にして、ボビンに時計まわりに5〜6回巻きつける。ストッパーに当たるまで押し込み、ボビン受け座にあるカッター溝で持っている糸を切る。

下糸のかけ方

家庭用ミシンの多くは、〝水平釜〟といって、ボビンケースが本体に内蔵されているので、下糸は釜にセットするだけでOK。糸端を持ち、ボビンを軽く押さえながら矢印に沿って糸を通す。下糸端は表に出ていなくてよい。

下糸は反時計まわりの向きにセット

溝

下糸を溝に引っかけてテンションをつけるので、糸が反時計まわりになるよう、ボビンをセットするのがポイント。逆方向だと糸調子不良の原因になるので注意。

ミシン豆知識

水平釜と垂直釜の違い

垂直釜

ボビンケース

家庭用ミシンの〝水平釜〟は、上糸だけで調子を合わせられる手軽さがメリットです。

いっぽう職業用ミシンの〝垂直釜〟は、下糸を調節するボビンケースを取り付けるので、上糸と下糸の両方で糸調子のバランスをとります。微細な調節が可能になりますが、それなりのテクニックも必要になってきます。また、ボビンが縦にセットされるので糸の出方がより自然で、縫ったときに糸がよく締まり、縫い目が安定するという特徴もあります。

上糸のかけ方

上糸も順番通りに糸をかけて針穴に糸を通す。かける前に必ず針をいちばん上にして押えを上げ、ミシンの内側で糸調子皿が開いた状態にしておくことが大切（➡ p.11）。糸をかけるときはたるまないよう、張り気味にするとよい。

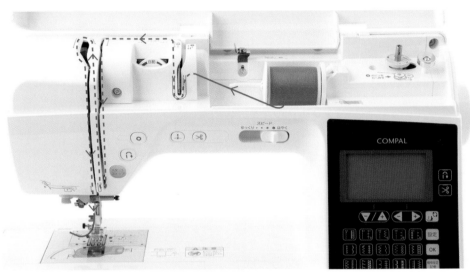

必ず押えを上げてから
糸をかける

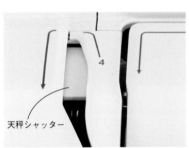

天秤シャッター

"天秤シャッター"付きのミシンは、押えを下げた状態だと、天秤の上にあるシャッターが閉じたままになって上糸を通すことができない。押えを上げるとシャッターが開く仕組み。

糸こま押えで
しっかりとめる

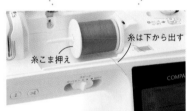

糸は下から出す

糸こま押え

糸は、手前下から出てくるようにかける。糸や糸こま押えが正しくセットされていないと、糸たて棒に糸がからまりやすくなり、糸が切れたり針が折れたりする原因になる（➡p.109）。

針に糸を通す

押えの下を通して
糸を後ろに引き出す

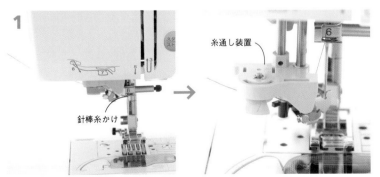

1 針棒糸かけ　糸通し装置

2 糸を後ろに出す

針棒糸かけまで糸が通ったら、押えを下げる。針位置がいちばん上になっていることを確認し、糸通しレバー（➡p.11）を下げて糸通し装置を下ろす。

レバーをゆっくり元に戻すと針穴に糸が通っている。押えを上げ、押えのすき間を通して糸を後ろに出す。糸通し装置がない、または透明糸などの特殊な糸の場合は、糸端を持って手で針穴に通す。下糸は出さなくてよい。

基本の縫い方

いよいよミシンを動かします。基本的な縫い方と、縫い代の始末の方法をマスターしましょう。
また、ミシンの調子を確認する〝試し縫い〟は今後何度も繰り返す作業なので、必ず覚えてください。

縫う前の準備

縫い始めるまでの準備工程を紹介します。ミシンは重さがあるので、水平で安定感のあるテーブル上で作業しましょう。集中すると目が疲れてくるので、部屋全体を明るくしておくのもポイントです。

1 模様と縫い目の長さをセットする

液晶画面やダイヤルなどで、目的に応じた模様を選び、振り幅や縫い目の長さの数値を設定する。模様によって標準値があり、好みで数値を変更することもできる。振り幅を変更したときは、スタートの前にプーリーをゆっくり回して、針が押えに当たらないか確認すること。

振り幅設定
ジグザグの振り幅（針が横に動く）を広くしたり狭くしたりできる。直線縫いのときの数値は0.0mm。

縫い目の長さ設定
1針分の縫い目を、長くしたり短くしたりできる。標準値は2.5mm。

模様選択
縫いたい模様を選択する。模様によっては専用押えに取り替える。

2 押えをつける

選択した模様に合わせた押えを取り付ける。ミシンに付属の押えもあるが、さらに便利な押え（別売）をいくつか用意しておくと、作業の幅が広がる（➡p.30-31）。

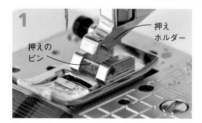

1

押えレバーを上げ、取り付ける押えのピンが、押えホルダーの溝の真下にくるように置く。

押え
ホルダー

押えの
ピン

2

押えレバーをゆっくり下げて、押えホルダーの溝に押えのピンをはめる。もう一度レバーを上げて、確実に取り付けられたかを確認する。

送り歯が傷まないようレバーをゆっくり下げる

3

押えをはずすときは…

押えレバーを上げ、押えホルダーの後ろ側にある黒いボタンを押してはずす。

ミシン豆知識

「基線」を切り替える

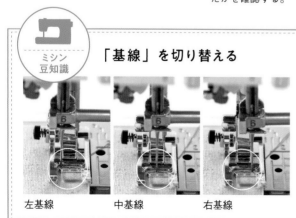

左基線 　　中基線 　　右基線

家庭用コンピューターミシンは針位置（基線）を変更できる機種が多いです。布端に押えの右を合わせて縫うと、写真のように少しずつずれるので、でき上がり線を書かずに縫う場合（➡p.21）など、基線を動かして縫い代幅を決めることができます。また左基線にすると針穴に布が巻き込まれにくくなるので、薄地を縫う際に便利です（➡p.41）。

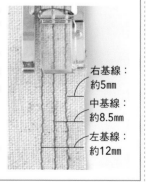

右基線：約5mm

中基線：約8.5mm

左基線：約12mm

3 正しい位置に座る

平らで安定感のあるテーブル上にミシンを置く。ミシンの左側をあけておくと布が広げやすい。次に針の正面と体の中心がそろう位置に座る。針先と押えが見える目線になるよう、椅子の高さを調節する。長時間の作業でもできるだけ疲れないような、自然な姿勢を保つこと。

4 ミシンを動かす

スタートスイッチを押して、実際にミシンを動かしてみよう。縫うスピードが速すぎると最初はあわててしまうので、ゆっくりスタートさせる。

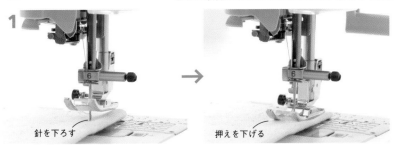

針を下ろす　押えを下げる

針と押えを上げた状態で、布を押えの下に置く。プーリーを回して縫い始め位置に針を下ろし、そのあとで押えを下げる。

スピード
ゆっくり・・・・はやく

スピードコントロールレバーで縫う速さを設定する。

スタートスイッチを押す、または「フットコントローラー」を踏んで縫い始める。

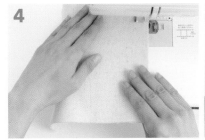

ミシンは自然に先に進むので、手は曲がらないように添える程度でよい。長い布の場合は、右手で布を下から支えるように持つと、縫いずれしにくい。最後はストップスイッチを押して縫い終わる。

右手の添え方は
布の長さで変えて

試し縫いをする

これから縫う布の端ぎれと糸、針を使って、糸の調子や縫い目の長さなどを確認するために行うのが〝試し縫い〟です。布1枚で縫うことはないので、試し縫いは2枚以上になるよう重ねて縫います。糸調子が乱れている場合、それは上糸や下糸のかけ方が原因のことが多いので、先にそちらを再確認し、それでも改善しなければ糸調子ダイヤルで調整します。家庭用ミシンは下糸の調整ができないので、糸調子は上糸だけでとります。

直線を縫ってみて、縫い目の状態を表裏から確認する。

布を左右に開いて糸調子を確認

次に布を開いてはぎ目を確認し、上糸と下糸の強弱のバランスを見る。

◯ 正しい糸調子

上糸と下糸が布のほぼ中央で交わった状態。表には上糸、裏には下糸だけが見えている。

（表）

（裏）

OK　p.19へ GO

✕ 上糸が弱い

裏の下糸が1本の線のように見え、裏に上糸が見えてしまっている状態。上糸が正しくかかっていない可能性大。

（表）

（裏）

NG

✕ 上糸が強い

表の上糸が1本の線のように見え、表に下糸が見えてしまっている状態。下糸が正しくかかっていない可能性大。

（表）

（裏）

NG

―――― 下の ❶〜❸ の順で調節する ――――

❶ 上糸が正しくかけられているかCHECK（➡ p.15）

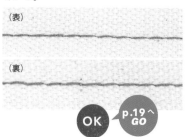

押えレバー

上げる

押えレバーを上げた状態で上糸をかけないと、糸調子がとれない。

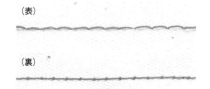

たるまないように

奥まで入れる

天秤にしっかり糸がかかっていないと、縫い目が乱れやすい。上糸はピンと張りながらかけるのがコツ。

❷ 下糸が正しくかけられているかCHECK（➡ p.14）

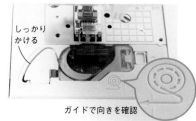

しっかりかける

ガイドで向きを確認

下糸を溝にかけるとき、かかり方が甘いと縫い目が乱れる原因に。また、ボビンを入れる向きも間違いやすいので要注意。

❸ 糸調子ダイヤルで調整

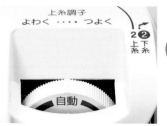

上糸調子
よわく ‥‥ つよく
2❷
上下
糸糸
自動

上糸と下糸のかけ方を確認してもう一度試し縫いをし、それでも調子が悪ければ糸調子ダイヤルを左右に動かして微調整する。

直線を縫う

まずは基本の直線縫いから始めましょう。でき上が
り線を書いて縫う場合と、でき上がり線を書かずに、
道具を使って縫う場合の2パターンをご紹介します。
簡単そうに見えて、曲がらずまっすぐに縫うのは、意
外と難しいものです。

使用する押え
**基本の押え
（J押え）**

でき上がり線がある場合

あらかじめ布にでき上がり線を書き、その線上をなぞるように縫う一般的な方法。最
初はゆっくりなスピードで始め、慣れてきたら徐々にスピードをアップさせるとよい。

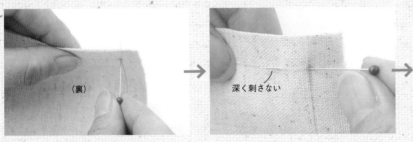

（裏）

深く刺さない

まち針を打つ順番

① ③ ④ ②

（裏）

印の端と端を最初に合
わせて打ち、その間を
均等に分けて打つ

1 でき上がり線上にまち針を打つ

でき上がり線を書いた2枚の布を中表に合わせ、でき上がり線上にまち針を打つ。ま
ち針は布に垂直に刺し、少しすくって、でき上がり線に対して直角に交わるように針
を出すのが基本。針先はあまり出さないようにする。

押えを下げる前に
まち針をはずす

2 スタート位置に
針を下ろす

押えを〝基本の押え（J押え）〟にする。プ
ーリーを回して縫い始め位置に針を下ろ
す。縫い始め位置にまち針がある場合は、
ミシン針を刺してからまち針をはずし、押
えを下げる。

コレ！

左基線の直線縫
いを選択

3 模様を選択して
縫い始める

p.16-17を参照し、直線縫いの種類とス
ピードを設定する。スタートスイッチを
押し、ゆっくり縫い始める。布には軽く
手を添える。

次のページに続きます →

押えの溝を
見ながら縫う

**4 押えの手前で
まち針をはずす**

まち針が押えの下に入ってしまうと、送り歯を傷めてしまうので、まち針は必ず押えの手前ではずす。

**5 押えの溝を見ながら
まっすぐ縫う**

上下に動く針ではなく、でき上がり線上を通っている押えの溝などをガイドにしながら、線からずれないように縫う。

**6 ストップ
スイッチを押す**

縫い終わり位置まできたらストップスイッチを押す。

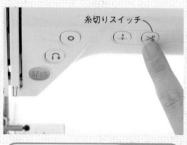

糸切りスイッチ

7 糸を切る

糸切りスイッチを押して糸を切る。糸切りスイッチがないミシンは、押えを上げ、プーリーで針をいちばん上に上げてから布を後ろに引き、上糸と下糸を長く出してミシンの糸切りかハサミで糸を切る。

布を後ろに引き
糸を長く出す

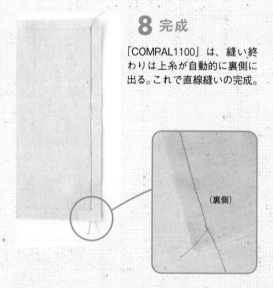

8 完成

「COMPAL1100」は、縫い終わりは上糸が自動的に裏側に出る。これで直線縫いの完成。

（裏側）

上糸と下糸を結んで糸始末しておくと安心

自動糸切りを使わない場合や、薄い生地で返し縫い（➡p.22）をしない場合などは、この方法で糸始末をしておくと、ほどけなくて安心。

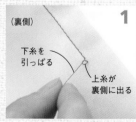

（裏側）

下糸を
引っぱる

上糸が
裏側に出る

1

下糸を少し引っぱると、上糸が輪のようになって裏側に出てくる。

2

輪に目打ちなどを引っかけて、上糸を裏側に引き出す。

3

上糸と下糸を2～3回ほど片結びする。

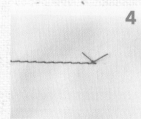

4

糸を短く切る。

でき上がり線がない場合

でき上がり寸法に縫い代をあらかじめ加えて布を裁ち、便利道具を使って布端から
縫い代幅を保ちながら縫う方法。針の基線を移動できないミシンなどにも有効。

(マスキングテープを使う)

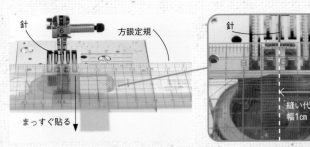

針
方眼定規
まっすぐ貼る
針
マスキングテープを貼る
縫い代幅1cm

1 マスキングテープを用意する

マスキングテープを5cmほどの長さに切ったものを3〜5枚用意し、重ねて貼り合わせて厚みを作る。

2 針から縫い代幅を離した位置にマスキングテープを貼る

針（ここでは中基線に設定）から右に縫い代幅分（ここでは1cm）離した位置にマスキングテープをまっすぐ貼る。方眼定規があると便利。

方眼定規は
p.34へ
GO

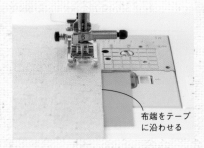

布端をテープに沿わせる

3 布端をマスキングテープに沿わせながら縫う

布端をマスキングテープに沿わせて針を下ろし、**p.19-20**を参考に縫う。マスキングテープに厚みがあるので、布端を沿わせやすい。

> **「マグネット定規」は職業用ミシンに使いましょう**
>
> 「マグネット定規」は、その強力な磁力が家庭用ミシンのモーターに影響を及ぼす。糸調子の悪化を招くので家庭用ミシンで使用する際は要注意。

(「ぬいしろガイド」を使う)

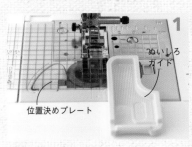

ぬいしろガイド
位置決めプレート
1

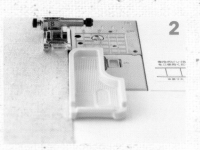

2

付属の「位置決めプレート」の穴（必要な縫い代幅を示している）に針を下ろす。プレートをまっすぐ置き、プレート端に「ぬいしろガイド」の長辺をそろえて接着する。

位置決めプレートをはずし、布端を「ぬいしろガイド」に沿わせながら縫う。「ぬいしろガイド」は粘着式になっていて、何度でもはがしたり貼り直したりできるので便利。

「ぬいしろガイド」は
p.34へ
GO

返し縫いをする

縫い始めや縫い終わりの糸がほつれてこないように、数針重ねて丈夫に縫うのが「返し縫い」。普通地の場合、"3針進んで3針戻り（返し縫い）、3針進む" という、三重に縫うのが基本です。ツレやすい薄地や、返し縫いを目立たせたくない場合は、二重にすることもあります（➡p.41）。

コレ！

使用する押え
基本の押え
（J押え）

縫い始め位置

上糸を押さえて
スタートすると
ケムシにならない

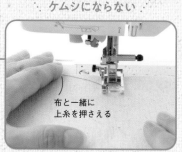

布と一緒に
上糸を押さえる

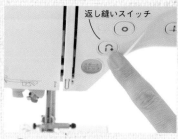

返し縫いスイッチ

1 スタート位置に針を下ろす

p.19と同様に、縫い始め位置に針を下ろし、押えを下げる。

縫い始めは上糸のテンションが弱いので、下糸がケムシのようにクチャッともつれやすい。布と一緒に上糸を手で押さえて縫い始めるとスムーズ。

2 3針進んだら「返し縫いスイッチ」

スタートスイッチを押してゆっくり3針進んだら、返し縫いスイッチを押して3針戻る。返し縫いスイッチは、押している間ずっと返し縫いを続けるので、3針縫って縫い始め位置に戻ったところでスイッチから手を離す。

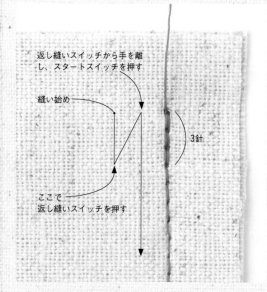

返し縫いスイッチから手を離し、スタートスイッチを押す

縫い始め

3針

ここで
返し縫いスイッチを押す

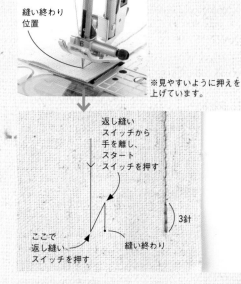

縫い終わり位置

※見やすいように押えを上げています。

返し縫いスイッチから手を離し、スタートスイッチを押す

3針

ここで
返し縫いスイッチを押す

縫い終わり

3 返し縫い完成。そのまま続けて縫う

もう一度スタートスイッチを押し、前に進む。三重に縫い重ねて丈夫になったところ。

4 縫い終わり位置まできたら「返し縫いスイッチ」

縫い終わり位置まで縫ったら、返し縫いスイッチを押して3針戻す。次にスタートスイッチを押して3針前に進め、縫い終わり位置でストップスイッチを押す。

薄地の返し縫いのコツは
p.41へ
GO

角を縫う

角を縫うときにいちばん大事なのは、角に針を下ろしたまま布を回転させること。針が刺さっていないと、布が動いてしまいます。また、金属の押えに隠れて角がどこなのかわかりにくい場合も多いので、押えをプラスチックの透明なタイプに替えておくと便利です。

使用する押え
基本の押え（J押え）

「透明ジグザグ押え」（➡p.30）なら角がよく見えます

曲がる線を角の位置の目安に

1 角の1針手前まで縫う

p.19と同様に縫い始め、角の1針手前まで縫う。角の位置は、曲がった先の線を目安にするか、針が下りている状態で時折押えを上げて確認する。

2 最後の1針は手動で角に針を下ろす

最後の1針は、押えを下げたままプーリーを手前に回して、角に正確に針が落ちるように縫う。微妙に距離が合わない場合は、1針だけ縫い目の長さを変更してもよい（➡p.16）。
※見やすいように押えを上げています。

3 布を回して押えを下げる

針を下ろしたまま押えを上げ、角の先の線がまっすぐ向くように布を90度回転させる。押えを下げて縫い始める。

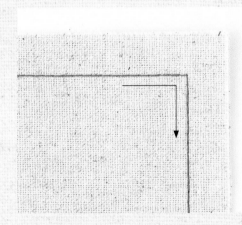

4 完成

角が縫えたところ。角をもっと丈夫にさせたいときは、3の前に返し縫いをし（p.22-4参照）、針を下ろしたまま布を90度回転させる。

角にうまく針が落ちない！
そんなときの裏技は
p.64へ GO

ミシン豆知識

ミシンは前進と後進で縫い目の長さが違う

縫い始め位置から3針進んで3針返し縫いをしたときに、縫い始め位置に正確に戻らず、「あれ？」と思った方もいるはず。返し縫い（後進）は送り歯が逆回転するので、通常の前進より布が縮みやすくなり、そのせいで縫い目がほんの少し短くなるのです。

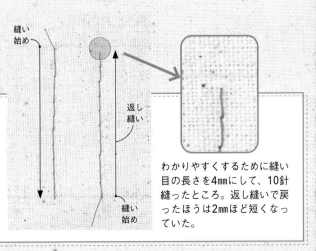

縫い始め

返し縫い

縫い始め

わかりやすくするために縫い目の長さを4mmにして、10針縫ったところ。返し縫いで戻ったほうは2mmほど短くなっていた。

カーブを縫う

ガタつきがちなカーブは、落ち着いてゆっくり縫うことが肝心。直線のときと同様に、上下に動く針先ではなく、押えを見ながら縫いましょう。ここでも、でき上がり線を書いて縫う場合と書かない場合の2パターンをご紹介します。

使用する押え
基本の押え
（J押え）

でき上がり線がある場合

あらかじめ布にでき上がり線を書き、その線上をなぞるように縫う方法。
押えの溝をガイドにしながら縫う。

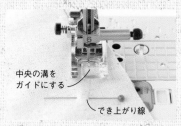

中央の溝を
ガイドにする

でき上がり線

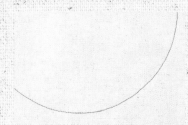

1 押えの溝を見ながら縫う

針を中基線に設定する。縫い始め位置に針を下ろし、押えを下げて縫い始める。押えの中央にある溝ができ上がり線の上を通るように、ゆっくり縫う。

2 押えを上げて布を直す

左手首のあたりを軸にしながら、指先をカーブに沿わせて布を支える。途中で布がたまってくるので、針は下げたまま、時折押えを少し上げて布を直すとよい。

3 完成！

でき上がり線がない場合

でき上がり寸法に縫い代をあらかじめ加えて布を裁ち、
布端から縫い代幅を保ちながら縫う方法（**p.21**と同様）。

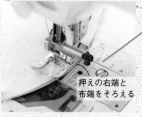

縫い代幅に
なるように

押えの右端と
布端をそろえる

目打ちでガイドする

1 押えの右端と布端を合わせる

カーブしていて**p.21**のようにマスキングテープは使いにくいので、押えの右端を布端に合わせる。押えの端と針との間が縫い代幅になるよう、基線を設定して針を下ろす。

2 手は添えるだけ！

押えの端を見ながらカーブを縫う。ここでも、手首のあたりを軸にして、指先をカーブに沿わせ、目打ちで布端を押さえながら進めるとよい。

3 完成！

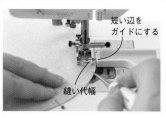

短い辺を
ガイドにする

縫い代幅

「ぬいしろガイド」を使ってもOK

基線を動かせないミシンは、「ぬいしろガイド」（**➡p.34**）を使うと便利。使い方は**p.21**と同様で、カーブの場合は短い辺を使う。

端ミシン

バッグの口まわりの仕上げなどにたびたび登場する端ミシン。表から目立つ部分にかけることが多いので、美しく縫うコツがわかると仕上がりに差がつきます。特に布が複数枚重なって厚いときは、ガイドがついた「ディッチフット」という専用の押えを使うのもおすすめです。

使用する押え
基本の押え（J押え）

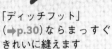

「ディッチフット」（➡p.30）ならまっすぐきれいに縫えます

中表に縫って表に返す

（表）

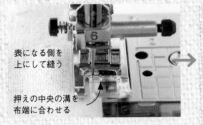

表になる側を上にして縫う

押えの中央の溝を布端に合わせる

2 表から端ミシンをかける

1で縫ったはぎ目を押さえるように、折り山を直線縫いで縫う。上糸の縫い目のほうがきれいなので、端ミシンは表側からかけるのが基本。ここでは針を左基線にし、押えの中央の溝に布端を合わせて縫ったが、進みづらい布の場合は、送り歯の上に布がたくさんくるように針の位置を変えるとよい。

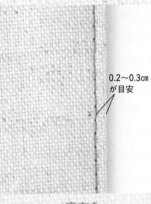

0.2〜0.3cmが目安

1 布端にはしっかりアイロン

2枚の布を中表に合わせて1辺を縫い、表に返したところ。縫い代をしっかり割ってアイロンをかけてから表に返すときれい。

裏布を少し控えると仕上がりが美しい

表側の布が裏から見える

（裏側）

1で表に返したとき、裏側になる布を少し控えるようにしてアイロンをかけ、表から端ミシンをかけると、安定したきれいな縫い目になる。

持ち手などの細いものは「ぬいしろガイド」を賢く使う

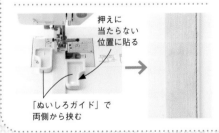

押えに当たらない位置に貼る

「ぬいしろガイド」で両側から挟む

持ち手のような細いものにまっすぐ端ミシンをかけたいときは、「ぬいしろガイド」を2つ使って両側から挟むのがおすすめ。布がガイドの間をまっすぐ通るから、曲がらずに美しく縫える。

ミシン豆知識

端ミシンと落としミシンの違い

端ミシンに似た言葉で、〝落としミシン〟というものがあります。落としミシンにはいくつか方法があり、ひとつは縫い合わせた片側の布を落ち着かせ、もう片側をふっくら見せるために、はぎ目のきわにミシンをかける方法（写真右）。もうひとつは縫い合わせた縫い代を割って、そのはぎ目の上にミシンをかける方法（写真左）。こちらは縫い目を極力目立たせたくない場合に用いられます。

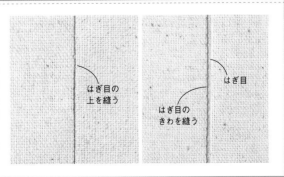

はぎ目の上を縫う

はぎ目

はぎ目のきわを縫う

いろいろな布端の始末

小物やウエアを作るのに欠かせないのが布端の始末です。ここでは布端の基本的な処理として「裁ち目かがり」と「ジグザグミシン」を、そして作品プロセスに

たびたび登場する、縫い代をきれいに処理するいくつかの方法を解説します。

裁ち目かがり

一般的な家庭用ミシンの機能に付属している「裁ち目かがり」。「縁かがりミシン」とも呼ばれる。押えを取り替える手間はあるが、簡単で仕上がりが美しいのでおすすめ。薄地用の裁ち目かがりは、厚地用のように針の振り幅が大きいと、縫い目が浮いたり、布端にシワができたりしやすいので、縫い目が密にならないよう、よりシンプルな形になっている。

使用する押え

裁ち目
かがり押え

普通地～厚地

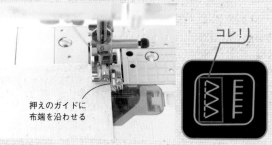

押えのガイドに
布端を沿わせる

コレ!

1 押えと模様を選択

ミシンに付属の「裁ち目かがり」押えに替え、模様選択を「裁ち目かがり（厚地用）」に設定する（➡p.16）。押えの右側がやや長く、ガイドになっているので、そこに布端を沿わせるようにして針を下ろし、押えを下げる。針を下ろす位置は布端ギリギリではなく、0.2〜0.3cmほど内側にする。

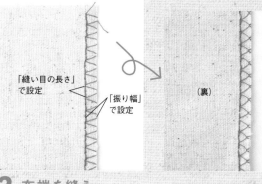

「縫い目の長さ」
で設定

「振り幅」
で設定

（裏）

2 布端を縫う

スタートスイッチを押して縫い始める。押えのガイドに布を寄せすぎると、布端が丸まった状態でかがられてしまうので、平行に沿わせるようにする。縫い終わったら針と押えを上げ、布を後ろに引いて取り出し、糸を切る。

普通地～薄地

コレ!

1 押えと模様を選択

「裁ち目かがり」押えに替え、模様選択を「裁ち目かがり（薄地用）」に設定する（➡p.16）。押えの右側に出ているガイドに布端を沿わせるようにして針を下ろし、押えを下げる。

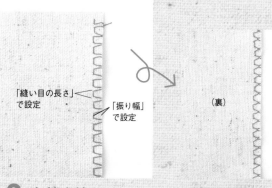

「縫い目の長さ」
で設定

「振り幅」
で設定

（裏）

2 布端を縫う

スタートスイッチを押して縫い始める。厚地用のときと同様、押えのガイドに布を寄せすぎると、布端が丸まった状態でかがられてしまうので、平行に沿わせるようにする。

ジグザグミシン

裁ち目かがり機能がないミシンの場合は、布端の始末をジグザグミシンで代用が可能。布端の始末以外にも、ジグザグミシンの使い方は多彩。

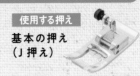

コレ！

押えと模様を選択して縫う

模様選択を「ジグザグ」に設定する。振り幅設定でジグザグの左右幅を、縫い目の長さ設定で上下の幅（ジグザグの粗さ）を設定できる。布端ギリギリに針が乗るか、わずかに外に落ちるくらいの位置を縫うとよい。

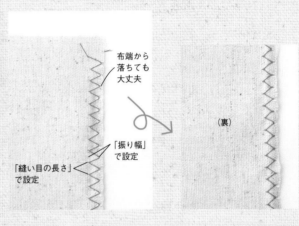

布端から落ちても大丈夫

「振り幅」で設定

「縫い目の長さ」で設定

（裏）

ジグザグミシンは使い道いろいろ

アップリケ布を縫いつける

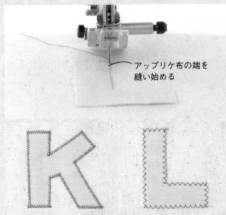

アップリケ布の端を縫い始める

（振り幅2mm/縫い目の長さ0.7mm）（振り幅2mm/縫い目の長さ1.6mm）

ジグザグミシンはアップリケ布を縫いとめるのにぴったり。縫い目の長さを変えるだけでも雰囲気が変わる。アップリケ布の布端に針が当たるようにして縫うと、ジグザグがアップリケの外側に落ちてきれい。

リボンを縫いとめる

土台布の上にリボンを置いて上からジグザグミシンをかける。リボンの両端を縫うより手軽。

ゴムを縫いつける

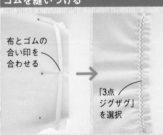

布とゴムの合い印を合わせる

「3点ジグザグ」を選択

土台布に、ゴムひもを伸ばして縫いつけると、簡単にギャザーを寄せられる。スモックの袖口などに。

コレ！

「3点ジグザグ」を選択すると、ゴムの伸び縮みに対応する。

三つ折り縫い

布端を2回折って折り山を縫う、いちばん一般的な方法。
使用例：ウエアの裾や袖口の始末、巾着の口など

1

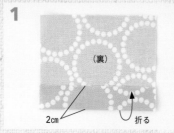

布端から2cmの所を外表に折ってアイロンをかける。

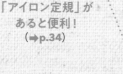

「アイロン定規」が
あると便利！
（➡p.34）

2

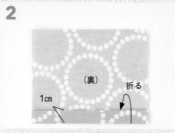

一度開いて布端から1cmの所を内側に折りアイロンをかける。1の折り目で再度折ってまち針を打つ。

3

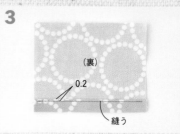

三つ折りの折り山を縫う。

ZOOM

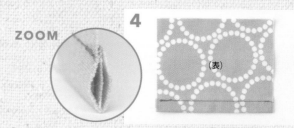

4

完成。表には縫い目が1本出る。

割り伏せ縫い

縫い代を割って三つ折りにし、折り山を縫う。仕上がりを薄くしたいときなどに。
使用例：帽子のはぎ目、ウエアの後ろ中央など

1

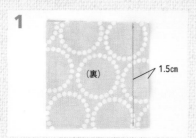

2枚を中表に合わせてまち針を打ち、布端から1.5cm内側を縫う。

2

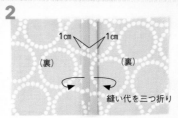

縫い代を割り、縫い代を0.5cm→1cmの三つ折りにしてアイロンで押さえる。

3

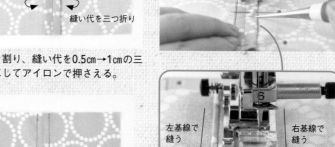

折り山側からまち針を打ち、折り山から0.2～0.3cm内側を縫う。左側は左基線、右側は右基線に設定し、同じ方向から縫ったほうがゆがみにくい。

4

完成。表にははぎ目の左右に縫い目が2本出る。

ZOOM

折り伏せ縫い

幅の狭い縫い代を、幅の広い縫い代でくるんで折り山を縫う。
使用例：帆布のトートバッグ、ウエアの脇の縫い代始末など

1
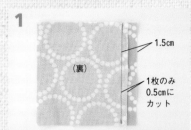

2枚を中表に合わせてまち針を打ち、布端から1.5cm内側を縫う。1枚のみ、縫い代を0.5cmにカットする。

2
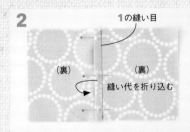

2枚を広げ、1でカットした縫い代側に縫い代を倒してアイロンをかける。次にカットしていないほうの縫い代で、カットした縫い代をくるむ。アイロンで押さえてまち針を打つ。

3

折り山から0.2〜0.3cm内側を縫う（ここでは針を左基線に設定）。

4
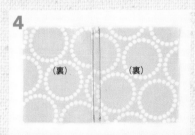

完成。表には縫い目が1本出る。

ZOOM

袋縫い

最初に2枚を外表に合わせて縫い、裏返して布端を中縫いする。
使用例：枕カバーや巾着など直線縫いのもの

1
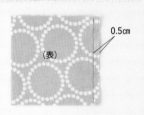

2枚を外表に合わせてまち針を打ち、布端から0.5cm内側を縫う。

2
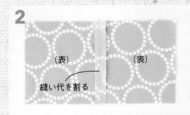

2枚を広げ、縫い代を割ってアイロンで折り目をつける。

3
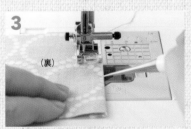

今度は中表に合わせて、布端から約1cmの所を縫う（ここでは左基線に設定して、押えの右に布端を合わせて縫った）。これで、1で縫った縫い代が縫い目の内側に入る。

4

完成。表には縫い目が出ない。

ZOOM

便利な「押え」を使いこなす

より美しく、縫い目をそろえて安定して縫いたい！そんなときは押えを交換するのもひとつの方法です。ミシンに標準搭載されている押えのほかに、そろえておくと重宝する押えをご紹介しましょう。やや専門的なものもありますが、一度使ってみると、その仕上がりの美しさに驚くものばかりですよ。

ソーイングがますますはかどる！ おすすめの「押え」

ディッチフット

押えに長いガイドがついていて、それに布端を当てながら縫うと端ミシンが安定する。バッグの口まわりなどは、これを使うと美しく仕上がる。落としミシンの際にも便利。

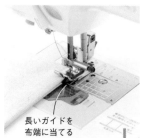

長いガイドを
布端に当てる

押えの中央から出ている黒いガイドに布端を当てて縫う。

持ち手などの細い部分も、「ディッチフット」を使えば縫い目を落とさずにギリギリを縫える。

ガイドが長いので、安定してきれいに縫える。

スムースフット

"テフロン押え"とも呼ばれる、テフロン素材でできた押え。合皮やビニール、ラミネートなど、押えに貼りついて進みにくい素材を縫うときに使う（➡p.38）。

 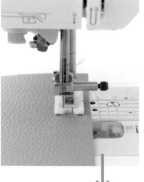

バッグに合皮の持ち手を縫いつけるときなどにも重宝。

「スムースフット」で布の滑りがよくなり、美しい縫い目に。

透明ジグザグ押え

形は基本の押えと同形で、透明なので縫い目がいっそう見やすい。角や（➡p.23）線上を縫うとき、飾り縫いをするときなどに便利。

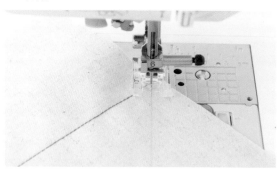

山道テープやリボンを重ね縫いするときなど、針が落ちる位置を確認しながら縫うことができる。

ファスナー押え

ファスナーを縫いつける際に標準的に使う「片押え」（➡p.48）に比べ、押えの幅が狭いので、よりファスナーに近い位置を縫うことができる。ファスナーに限らず、できるだけきわを縫いたいときに重宝。

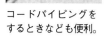

コードパイピングをするときなども便利。

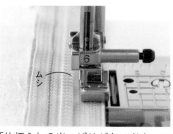

ムシ

「片押え」の出っぱりがないぶん、ファスナーのムシのきわに縫い目を近づけられる。表に返してステッチをかけるときも、「ファスナー押え」ならムシにぶつからず、より近くを縫える。

さらにワンランクアップの仕上がりが目指せる「押え」

アップリケ押え〈樹脂製〉

押えの前面が広くあいており、押えの下のアップリケや図案などがよく見え、作業がしやすい。

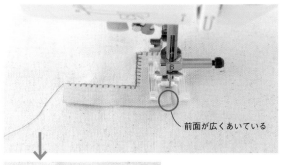

前面が広くあいている

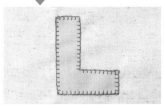

ブランケットステッチのような模様縫いを選択してアップリケ。図案に沿って角を曲がるときなど、とても見やすい。

段付き押え R

押えの右側に1.5mmの段差があり、ここに布端や折り山を当てて安定して縫うことができる。厚みのある布の端ミシンにも使える。

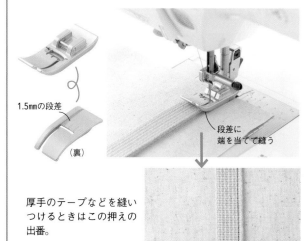

1.5mmの段差

（裏）

段差に端を当てて縫う

厚手のテープなどを縫いつけるときはこの押えの出番。

ウォーキングフット

針と連動して、押え自体に布を送る力が働く。針板や押えに貼りつく素材、3枚重ねてキルティングをするなど、縫いずれしやすい布を送りやすくしてくれる。

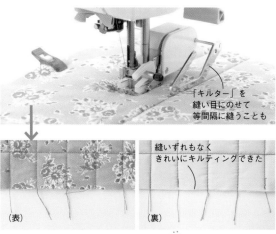

「キルター」を縫い目にのせて等間隔に縫うことも

縫いずれもなくきれいにキルティングできた

（表）　　　（裏）

基本の押えでキルティングすると…

NG

2枚の布の間にキルト芯を挟み、基本の押えでキルティング。きれいに縫えたように見えても、裏返すと表布が伸びてしまって失敗。

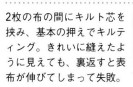

（裏）

パール付け押え

4mm径までの、ひも状に固定されたパールを縫いつけるときに使うユニークな押え。ほかに、太めのコードや厚みのあるブレードの飾りつけ縫いなどにも使える。

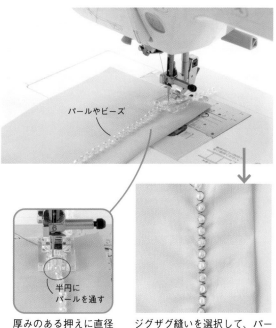

パールやビーズ

半円にパールを通す

厚みのある押えに直径4mmほどの半円があいていて、そこにパールを通す。

ジグザグ縫いを選択して、パールの間を押さえるように縫う仕組み。上糸に透明糸や飾り糸を使ってもきれい。

ミシンのお手入れ

ミシンは、使っているうちに内部に布のホコリや糸くずがたまってきて、
やがて縫い目にも影響が出てくるので、定期的に掃除をしましょう。
手入れのタイミングはミシンの使用頻度によりますが、
1カ月ごとくらいに掃除をしておくと、気持ちよく使えます。

※メーカーによって手入れ方法が違う場合があるので、必ず説明書を読んで作業をしてください。

釜の掃除

針上下スイッチを押して針を上げる。またはプーリーを正しい位置に回す。

電源を切り、電源プラグをコンセントから抜く。押えレバーを上げ、付属のドライバーを使ってねじを緩め、針を取る。

ホルダーごと押えをはずす。

補助テーブルをはずし、針板カバーを手前に引いてはずす。

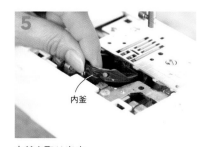

内釜を取り出す。

ホコリがたまっていたら、付属のミシンブラシで外釜のまわりの糸くずやホコリを取り除く。

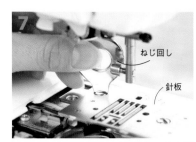

付属のねじ回しを使って針板のねじを緩め、はずす。

黒いフェルトは取らない

8

針板の下のホコリはミシンブラシとピンセットを使って取る。ホコリが多ければ、掃除機で吸ってもOK。

9

黒い部分

黒いフェルトのような部分は、自動糸切り機能で抵抗をつけるためにわざとついているものなので、そのままにしておく。

10

取らないように！

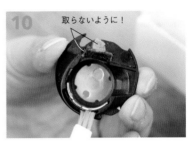

5ではずした内釜も、ミシンブラシで掃除をする。内釜についた写真の部分も取らないように注意。

11

印を合わせる

OK

NG

内釜を戻し、内釜の▲印とミシンの●印を合わせて、浮かないように内釜を取り付ける。プーリーをそっと回して、内釜がきちんとはまっているか確認する。確認できたら、針板→針板カバー→押えホルダー→針の順で元に戻す。

浮いた状態で取り付けると、プーリーを回したときに釜が出てきてしまう。

手入れ後に試し縫い！

表

裏

after　before　　after　before

厚めのコットン生地を縫ってみると、表側から見るとお手入れ前（右）とお手入れ後（左）はあまり差がないが、裏側から見るとその差は歴然。縫い目がきれいに！ お手入れ後は動作音も小さくなった。

画面の汚れの掃除

画面は、乾いた柔らかい布で軽くホコリを拭き取る。タオル地やニット地の端ぎれ、メガネ拭きでもOK。

ミシン本体の汚れの掃除

糸たて棒などは乾いた柔らかい布で軽くホコリを拭き取る。洗剤や有機溶剤は使用不可。

ミシンソーイングのお役立ちアイテムリスト

ミシンソーイングに欠かせないハサミやまち針のほか、本誌にたびたび登場する便利なアイテムを一堂に集めました。ぜひ実際に使ってみて、作業がスムーズに進み、作品の完成度がアップすることを実感してください。

取材協力／クロバー

ぬいしろガイド
〈位置決めプレート付〉
まっすぐな縫い目を保つために布端を沿わせるガイド。粘着シートなので、金属、プラスチックを問わず貼れる。
（➡使い方はp.21、24、25を参照）

仮止めクリップ
まち針でとめにくい素材や、何枚も布が重なってまち針ではとまらないときなどに使う。形やサイズもいろいろ。
（➡使い方はp.36、38、42を参照）

目打ち
ミシンの送りをガイドしたり、角を整えたりと、細かい部分の作業をサポート。先端がとがりすぎずに布を傷めない「なめらか目打」も便利。
左／「N目打」
右／「なめらか目打」

ひも通し
柔らかくて長いプラスチック製で、ゴムやひもを素早く通せる。ゴムがはずれにくい耳穴ストッパー付き。2本セット。「スピードひも通し」

方眼定規〈20cm〉
方眼に入った目盛りで、縫い代を正しい間隔で引けるほか、正バイアスや直角を出すのも簡単。適度に柔軟性のある素材なので、曲線部分を測ることも可能。

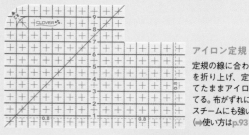

コロコロオープナー
厚みのある布の縫い代を割ったり、ラミネートに折り目をつけたり。軽い力で作業ができて、仕上がりが格段にアップする。
（➡使い方はp.36を参照）

リッパー
ボタンの糸切りや縫い損じをほどいたり、ボタンホールの穴をあけたりするのに使う。
（➡使い方はp.47を参照）

テープメーカー
〈18mm幅〉
バイアスに細長く裁った布をこれに通してアイロンを当てれば、あっという間にバイアステープの完成！ 幅もいろいろ。
（➡使い方はp.63を参照）

アイロン定規
定規の線に合わせて布を折り上げ、定規を当てたままアイロンを当てる。布がずれにくく、スチームにも強い。
（➡使い方はp.93を参照）

基本アイテムのおすすめはコチラ

まち針
布通りがよく、布を傷めにくい定番のまち針。耐熱性があるので、このままアイロンもかけられる。100本入り。「シルク待針〈耐熱〉」

チャコペン
水や消しペンで印が消せるタイプ（左）や、時間がたつと自然に消えるタイプ（右）などがある。細いペン先は図案などの細かい印つけに便利。「左／水性チャコペン〈青細〉 右／水性チャコペン〈紫細〉」

糸切りバサミ
先端が鋭く、細かい作業に便利で、糸切りバサミとしても大活躍。刃は丈夫なステンレス鋼製。本革のサック付き。「カットワークはさみ115」

裁ちバサミ
本体の軽さと切れ味にとことんこだわった裁ちバサミ。手になじみやすい強化樹脂製ハンドルで、長く持っていても疲れにくい。「布切はさみ〈ブラック〉24cm」

応用編
ミシンで広がる

ここでは、作品をワンランクアップさせるテクニックを学びましょう。
ギャザーやボタンホール、ファスナーつけやパイピングなどは
ミシンだからこそ、素早く美しく仕上げることができます。
また、仕上がりが見違える、ちょっとした縫い方のコツや
ナイロンや合皮、ニット素材といったユニークな素材の扱い方など、
ミシンソーイングの幅が広がるお役立ち情報をたくさん集めました。

● プロセスに登場する数値の単位は基本的に㎝です。
● わかりやすく説明するために糸の色を変えていますが、実際は布の色に合わせた糸を使ってください。
● 特に指定のない場合は、最初と最後は返し縫いをしてください。

素材別 縫い方ポイント

縫いたい素材の特徴を理解して針や糸を選び、縫い方を工夫すると、仕上がりがワンランクアップします。素材別に縫い方のポイントをピックアップしたので、ぜひ参考にしてください。

帆布／デニムなど

丈夫な帆布やデニム素材は、バッグを作るのにぴったりの素材。市販の帆布の厚みは1〜11号まであって号数が少ないほど厚く、デニムは8〜14オンスくらいまであって数が多いほど厚くなります。いずれも、家庭用ミシンで縫える厚みには限界があるので注意しましょう。また、薄くても何枚も重なった場合は厚みが増してくるので、縫う部分をできるだけ薄くする工夫も必要です。

必要なもの

厚地用
ミシン糸30番

仮止めクリップ
まち針が刺さらない厚地は、仮止めクリップを使用するとよい。

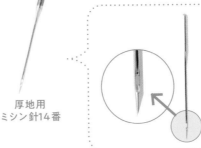

厚地用
ミシン針14番

もっと厚地なら
専用針がおすすめ

何枚も重ねて縫うときなどは、針先がより細くなっていて刺さりやすい専用針（16番相当）を使うとよい。

木づちでたたいて厚みを減らす

 →

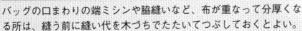

バッグの口まわりの端ミシンや脇縫いなど、布が重なって分厚くなる所は、縫う前に縫い代を木づちでたたいてつぶしておくとよい。

おすすめの
縫い目の長さは
3.5〜4.0mm

縦地と横地で
縫い目に差ができる

みみ

横地　　　縦地

縫い目がやや
ゆがんでいる

帆布の目が詰まっていると、縫ったときに〝目を避けて〟針が落ちる傾向がある。縦地の方向（布のみみと平行）で縫ったほうがきれい（写真右側）。

道具を使って
縫い代を割るとラク

厚地の縫い代を割るのは意外と難儀。ヘラや「コロコロオープナー」（→p.34）を使うと、手が痛くならずに便利。

段差のある場所を縫うコツ

厚手の布が重なって段差になった所は、押えが斜めに傾きすぎてミシンが進みづらくなります。そんなときは、押えを水平にする下の2つの方法を試してみてください。

● 布や紙を挟む方法

上り坂

押えの前が上がっている

押えの後ろに布や紙を挟む

押えを水平にする

段差の低い所から高い所へ向かう上り坂で、押えの手前が上がってしまっている。

高い所に上がる直前で、布や紙をたたんだものを押えの後ろ側にかませ、厚みを合わせる。押えをできるだけ水平にした状態で縫う。

下り坂

押えの手前に布や紙を挟む

上り坂　　下り坂

段差の高い所から低い所へ向かう下り坂では、低い所に下りる直前で、布や紙をたたんだものを押えの手前（縫う線を避けて）にかませ、同様に縫う。

縫い目が詰まったり飛んだりせずに、スムーズに縫えた。

● ボタンを押して押えを平行にする方法

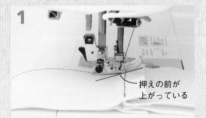

押えの前が上がっている

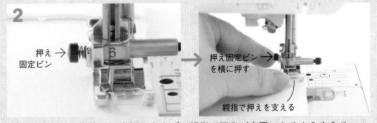

押え固定ピン

押え固定ピンを横に押す

親指で押えを支える

段差の低い所から高い所へ向かう上り坂で、押えの手前が上がってしまっている。

高い所に上がる直前で一度押えを上げ、親指で押えが水平になるよう支える。押え横の押え固定ピン（黒いボタン）を押しながら押えを下ろす。

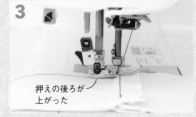

押えの後ろが上がった

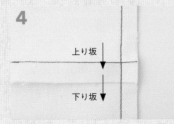

上り坂

下り坂

ピンから手を離すと押えが水平に保たれるので、このまま縫い進める。縫い進めると押えは元に戻る。

下り坂も、押えを一度上げて、押えが水平になるようキープしながら押え固定ピンを押し、3と同様に縫う。

おすすめの
縫い目の長さは
2.5mm～

ナイロン／ビニール／ラミネートなど

これらの特殊素材に共通するのは、まち針を打てないことと、布の滑りにくさ。滑りにくさは布の加工によっても違うので、①押えを替える　②紙を敷く　③縫い目の長さを変えるなどの方法を組み合わせて、最適な縫い方を見つけてください。

必要なもの

普通地用
ミシン糸60番

普通地用
ミシン針11番

仮止めクリップ

穴あき防止に仮止めクリップ

ビニールやラミネートは、穴が目立つのでまち針はNG。仮止めクリップを活用するのがおすすめ。

滑りにくければ「スムースフット」を

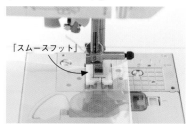

「スムースフット」

テフロン加工の押え「スムースフット」（➡p.30）は、金属の押えに比べて摩擦力が小さく、生地に貼りつかないので、滑りにくい布に効果抜群。また、縫い目を少し長くすると、送り歯が大きく動くので布が進みやすくなる。

針板に布がくっついて進みにくいときは

トレーシングペーパーを
下に敷いて一緒に縫う

布の下にトレーシングペーパーなどの薄い紙を敷いて一緒に縫うと、ミシン本体との摩擦力が抑えられて進みやすくなる。「スムースフット」の代わりに、布の上に紙を重ねて縫ってもよい（ペーパーのはずし方は➡p.42）。

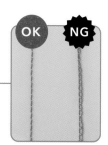

OK　NG

ビニールをそのまま強引に縫うと、進みが悪く縫い目もガタガタ（右）。進みやすい工夫をすればこの通り（左）。

ファー／ボアなど

「エコファー」とも呼ばれる、化繊でできたファーやボア。カラフルな色柄はもちろん、毛足が長かったり、モコモコしていたりと、さまざまな表情が楽しめます。一見扱いにくそうですが、裏側は織り地や編み地になっている（基布）ので、ミシン作業はさほど難しくなく、基本の押えと普通地用針で縫えます。伸縮性が必要なものを作る場合は、ニット専用糸を使いましょう。ファーやボアは化繊なので、アイロンは厳禁です。

必要なもの

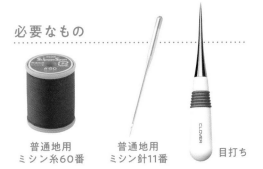

普通地用
ミシン糸60番

普通地用
ミシン針11番

目打ち

生地のみをカット

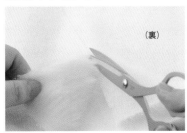

（裏）

せっかくの毛を一緒に切ってしまわないように、ハサミは小さく動かして、裏の基布のみを切るようにする。

毛足を入れ込んでまち針

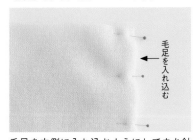

毛足を入れ込む

毛足を内側に入れ込むようにしてまち針を打つ。厚いときは仮止めクリップを使うとよい。

目打ちで押さえながら縫う

厚みもあってずれやすいので、縫い目は長めに設定し（3.0mm以上）、目打ちで布を送りながらゆっくり縫うとよい。

表から毛足を引き出す

縫ったあとは、目打ちなどを使って表から毛足を引き出す。

おすすめの
縫い目の長さは
3.0mm〜

ニット／ウールなど

いずれも基本的には普通地用の針と糸でOK。重なって厚みが出る場合は厚地用針に替えましょう。ニットでウエアを作るときは、糸が切れないよう、布にフィットするニット専用糸を選びます。針先がボールポイント（針先が丸い）になったニット専用針も、素材を傷つけにくいのでおすすめです。

必要なもの

普通地用
ミシン糸60番

普通地用
ミシン針11番

＼あると便利！／
ニット専用糸&針

まち針代わりにノッチを入れる

ノッチ

伸びやすい布はまち針が打ちにくいので、縫い合わせる2枚の縫い代にノッチ（小さな切り込み）を入れてまち針の代わりにするとよい。

滑りのよい「ローラーフット」がおすすめ

「ローラーフット」

押えに小さなローラーがついていて滑りやすく、布が伸びにくい「ローラーフット」は、伸縮性のある布を縫うのにぴったり。

おすすめの
縫い目の長さは
2.5㎜

伸びるのでノッチ部分をたたんで持つ

ノッチを入れた
部分を持つ

伸縮性のある布を長く垂らしておくと引っぱられてしまうので、ノッチを入れた部分をつまんでひだになるようにたたみ、右手で持っておくとよい。ノッチまで縫えたら、次のノッチまでの布を広げる。

縫う前に布端処理を

布端がほつれやすい場合は、カットしたらすぐに裁ち目かがり（➡p.26）などの布端の処理をしておくと扱いやすい。

"伸縮縫い"で縫う方法も

コレ！

「伸縮縫い」という模様を選択すると、普通糸を使って布に沿って伸びる縫い目にできる（ミシンの機種による）。

オーガンジー／サテンなど

薄くて柔らかい布は、縫い目や糸のツレが目立ちやすいので、薄地用の針と糸を使います。また家庭用ミシンは、ミシンの針が落ちる穴が横長になっているので、布が薄いと、針が下がったときに布が針穴に引っぱられる心配が。そんなときは「直線針板」を利用するのも一案です。

必要なもの

薄地用
ミシン糸90番

薄地用
ミシン針9番

おすすめの
縫い目の長さは
2.5mm

針を左基線に変更する

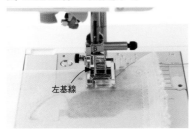

左基線

中基線（⇒p.16）では、針を下ろしたときに針の両側から布が落ち込みやすい。左基線にして縫うことで落ち込みを軽減できる。

返し縫いにひと工夫

返し縫いスイッチから手を離し、スタートスイッチを押す

3針

縫い始め（返し縫いスイッチを押す）

止めぬい

このボタン

通常返し縫いは布端から縫い始めるが、薄地は布が巻き込まれやすいので、3針ほど手前に針を下ろして返し縫いをスタートさせ、3回重ねる返し縫いを2回に減らすとよい。また、布端ギリギリを縫いすぎないのもポイント。

「止めぬい」は、同じ場所を3〜5針縫って止める機能（ミシンの機種による）。返し縫いと同じ役割をするので、薄地のときは目立たなくてよい。

薄地縫いに便利な「直線針板」&「直線押え」

「直線針板」は針の落ちる穴が丸い

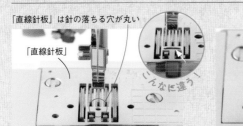

「直線針板」

こんなに違う！

「直線押え」は針の落ちる穴が丸い

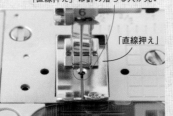

「直線押え」

「直線針板」と「直線押え」（ともに別売）は、職業用ミシン（⇒p.8）と同じように、針の落ちる穴が丸く小さくなっているもので、自分で取り替えて使う。本来は直線をより美しく縫うためのもので、穴が小さいので薄地を縫うのにも最適。よりスムーズにきれいに縫える。

合皮

本革のような風合いをもち、カラーバリエも豊富な合皮。一般的な布と同じように縫えるものも多いですが、滑りが悪いようなら、「スムースフット」(➡p.30) や

「ローラーフット」(➡p.40) などの押えに替えたり、縫い目を長く設定したり、トレーシングペーパーを敷いたりと、工夫してみてください。

必要なもの

厚地用
ミシン糸30番

仮止めクリップ

厚地用
ミシン針14番

レザー用専用針もおすすめ

針先がナイフの刃先のようにカッティングされていて、革素材などに刺さりやすくなっている。

滑りが悪かったらトレーシングペーパーを重ねる

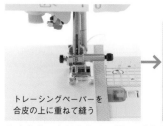

トレーシングペーパーを
合皮の上に重ねて縫う

縫い目で折り目をつけ
ペーパーを破る

おすすめの
縫い目の長さは
3.5㎜

合皮を表から縫うとき、滑りが悪くて押えに貼りつくようなら、トレーシングペーパーを合皮の上に重ねて一緒に縫うとよい。トレーシングペーパーをはずすときは、縫い目の所で折り目をつけ、左右からピリピリと破くようにはずす。無理やりはがすと縫い目が浮いてきてしまうので注意。

合皮を外表に縫うときはトレーシングペーパーでサンドする

合皮を
トレーシング
ペーパーで挟む

裏側も進みが悪かったら、合皮の下にもトレーシングペーパーを敷き、合皮を挟むようにして縫う。

おすすめの
縫い目の長さは
3.0 〜 3.5㎜

本革

本革は厚さも風合いも千差万別なので、専用のミシン針と糸だけでなく、ミシン本体にもパワーが必要な場合が多いです。家庭用ミシンではなく、職業用ミシンのほうが向いているでしょう。

本革は職業用ミシンで

p.8「Nouvelle（ヌーベル）470」

レザー専用の針をつければ、職業用ミシンで本革を縫うことは可能。縫い目の長さもやや長めにしたほうが、送りもスムーズで、見た目の雰囲気もいい。

ギャザー・ダーツ・ボタンホールの縫い方

ウエアでも小物作りでも登場回数の多いギャザーやダーツ、
またミシンでぜひマスターしたいボタンホールの縫い方を解説します。

ギャザー

ギャザーとは、布を縮めてひだを作るテクニック。手でぐし縫いをして縮めることもできますが、ミシンなら縫い目が均等になり、長い距離のギャザーも簡単にできます。粗ミシンをかけて寄せる方法のほかに、専用の押えを使ってミシンでギャザーを寄せる方法もあります。

1 下糸を出して粗ミシンをかけます

1

下糸を巻いたボビンを内釜にセットしたら、糸端を外に出し、切らずに長く残しておく。上糸は通常通りにかける（➡ p.15）。

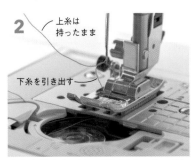

2
上糸は持ったまま
下糸を引き出す

上糸を持ちながら、「針上下スイッチ」またはプーリーを手前に回して針を上下させる。針を上げたときに下糸が輪になって針板から引き出される。

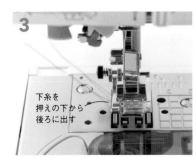

3
下糸を押えの下から後ろに出す

下糸を引き出し、上糸とそろえて、押えの下から後ろ側へ10cmほど出しておく。針板ふたを元に戻す。

返し縫いなしでスタート

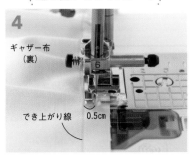

4
ギャザー布（裏）
0.5cm
でき上がり線

ギャザーを寄せる布の端に、でき上がり線（ここでは布端から1cm）と合い印を書いておく。でき上がり線から左右にそれぞれ0.5cmほど離れた位置に、端から端まで2本の粗ミシンをかける。粗ミシンは上糸の調子を強め、縫い目の長さは約5.0mmの長さに設定。最初と最後の返し縫いはしない。

糸は長く残しておく

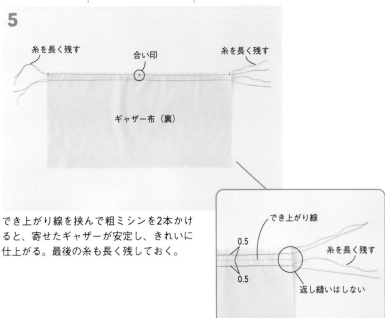

5
糸を長く残す　　合い印　　糸を長く残す
ギャザー布（裏）

でき上がり線
0.5
糸を長く残す
0.5
返し縫いはしない

でき上がり線を挟んで粗ミシンを2本かけると、寄せたギャザーが安定し、きれいに仕上がる。最後の糸も長く残しておく。

2 ギャザーを寄せて本体に縫いつけます

合い印同士を合わせて
均等にギャザーを寄せる

1

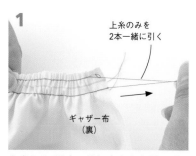

上糸のみを
2本一緒に引く

ギャザー布
(裏)

上糸のみを2本一緒に左右から引いて、ギャザーを寄せる。上糸の調子をあえて強めているので、糸が引っぱりやすくなっている。

2

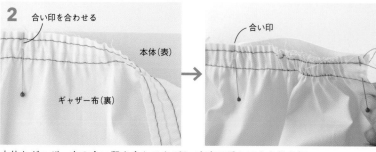

合い印を合わせる

本体(表)

ギャザー布(裏)

合い印

本体とギャザー布の合い印を合わせながら、中表に重ねてまち針を打つ。本体の長さに合わせるようにギャザーをバランスよく整える。

3

ギャザー布を縦に引っぱりながら、ギャザーが全体に均等に入っているか、本体とぴったり重なっているか確認する。

アイロンでプレス

4

ギャザー布
(裏)

でき上がり線上にミシンをかけやすくするため、線上のギャザー部分をつぶすようにアイロンをかける。

端は結んでおく

5

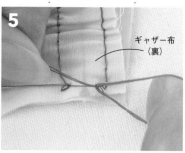

ギャザー布
(裏)

ギャザー布の布端までしっかりギャザーが寄るよう、粗ミシンの糸端を結んでとめておく。

6

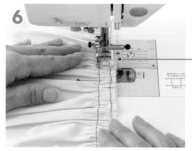

でき上がり線上をミシンで縫う。その際、ギャザーができるだけ倒れないよう、左手でギャザーを立てながら布を送り、時折押えを上げて、押されてきているギャザーをならすように整える。

ギャザーを立てながら縫う

7

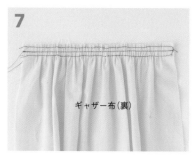

ギャザー布(裏)

でき上がり線上を縫えたところ。

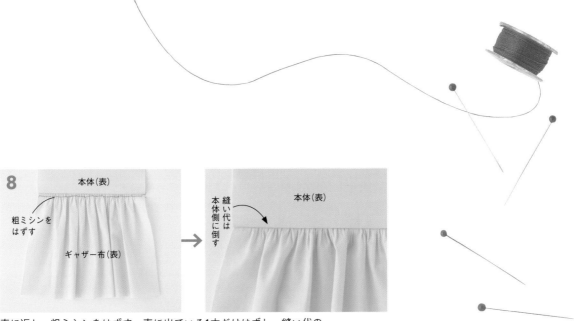

8 本体（表）

粗ミシンをはずす

ギャザー布（表）

縫い代は本体側に倒す

本体（表）

表に返し、粗ミシンをはずす。表に出ている1本だけはずし、縫い代の内側を縫った1本ははずさずそのままでもよい。縫い代は本体側に倒す。

Arrange ●スモッキング風のあしらい

ギャザーの上から模様縫い

ギャザーを寄せた上から、模様選択をして飾り縫いをしたら、スモッキングのような素朴なあしらいに。飾りと実用を兼ねた縫い方。

コレ！

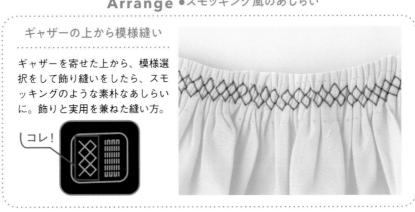

「ギャザー押え」を使うとギャザーを寄せながら直接本体に縫いとめられる

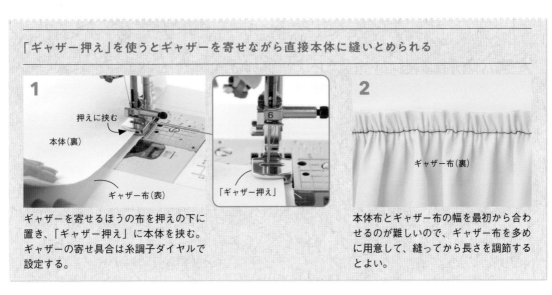

1 押えに挟む

本体（裏）

ギャザー布（表）

「ギャザー押え」

ギャザーを寄せるほうの布を押えの下に置き、「ギャザー押え」に本体を挟む。ギャザーの寄せ具合は糸調子ダイヤルで設定する。

2

ギャザー布（裏）

本体布とギャザー布の幅を最初から合わせるのが難しいので、ギャザー布を多めに用意して、縫ってから長さを調節するとよい。

ダーツ

布の一部をつまんで縫うことで立体感を出すテクニック。ダーツの先端は最後まで縫い切らず、返し縫いもしないのが、自然な丸みを出すコツです。

布端側から縫う

1

（裏）
ダーツの印をつける

布の裏にダーツの印を書く。

2

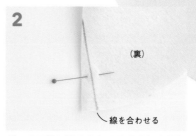

（裏）
線を合わせる

ダーツの線と線を合わせるように中表に折り、まち針を打つ。

3

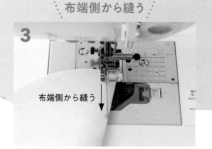

布端側から縫う

布端側からダーツの先端に向かって縫う。縫い始めは返し縫いをする。

4

糸端を長く残す

縫い切らない

ダーツの先端より1針分手前で縫い終わり、返し縫いをせずに糸端を長く残して糸を切る。

1針手前で止まる
返し縫いはなし

5

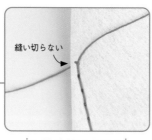

（裏）

4で残した糸端を2回結ぶ。

ふくらみがつぶれないように
アイロンをかける

6

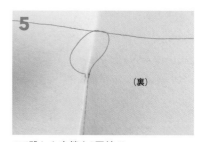

さらに糸端を2本一緒に片結びする。返し縫いをしない代わりに、これでしっかりとまる。

7

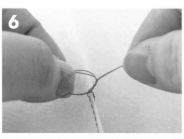

1cm

糸端を約1cm残して切る。これで完成。

8

アイロンをかけるときは、ダーツのふくらみがつぶれないよう、丸めたタオルや布を後ろから当ててかけるとよい。

裏布がつくときは

表布・裏布ともダーツがある場合は、縫い代を倒す方向を変えて厚みを分散するとよい。

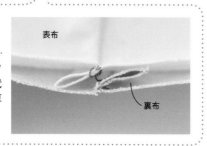

表布
裏布

ボタンホールステッチ

ボタンホールステッチは、ミシンだからこそ美しく仕上がるテクニック。スタートを押せば自動的に縫い進むので、実は簡単。後ろに向かってボタンホールが縫われるので、スタートの布の位置に注意しましょう。

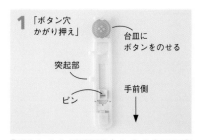

1
「ボタン穴かがり押え」
台皿にボタンをのせる
突起部
ピン
手前側

「ボタン穴かがり押え」にある台皿の突起部をスライドさせ、つけるボタンをのせて挟む。

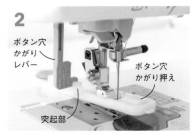

2
ボタン穴かがりレバー
ボタン穴かがり押え
突起部

「ボタン穴かがり押え」のピンを押えホルダーに取り付ける。次にミシン本体の「ボタン穴かがりレバー」を下げ、押えの突起部の後ろ側に当てる。

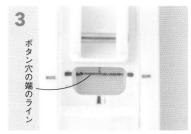

3
ボタン穴の端のライン

押えにある3点の赤い印に、布に書いたボタンホールつけ位置の手前側をセットして押えを下げる。

※写真は見やすいように、ミシンから押えをはずしています。

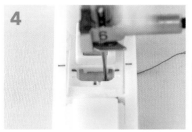

4
コレ！

後ろに向かってボタンホールができる

後ろに向かって縫い進みます

ボタン穴かがりの模様を選択してスタートスイッチを押すと、後ろに向かって自動的にボタンホールが縫い上がる。縫い終わったら糸を切り、ボタン穴かがりレバーを戻す。

切りすぎないようまち針でガード

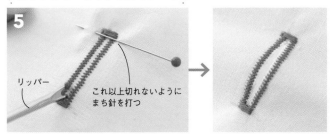

5
リッパー
これ以上切れないようにまち針を打つ

リッパー（→p.34）を使って内側を切り開く。このとき、縫った部分まで切らないように、ステッチの内側にまち針を打っておくとよい。

6

完成。薄地にあけるときは布の裏に接着芯を貼っても。模様の長さや幅を確認するためにも、同じ端ぎれで必ず試し縫いをすること。

変わった形のボタンもOK！

変形ボタンは、いちばん幅のある部分が測れるように台皿にのせる。厚みがある場合は、ボタンの幅と厚みを足した数値に合わせて台皿を引き出す。

いちばん幅のある部分を挟む

コレ！

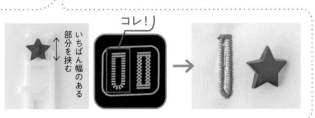

ファスナー

ミシン作業の中でも、「ファスナーつけは苦手」と思う方は多いよう。
まずは片押えを使った基本の縫いつけ方を覚えましょう。
次に、表布と裏布にファスナーを挟んで縫いつける、基本のポーチをマスターします。

ファスナーの名称

ファスナーの名称を確認しておきましょう。ファスナー寸法とはテープ全長ではなく、上止めの外端から下止めの外端までの長さを指すので注意します。

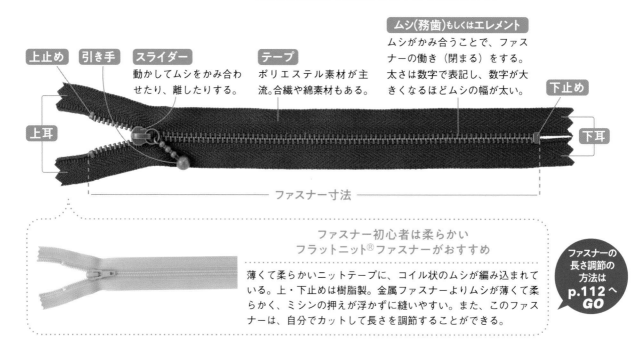

ムシ(務歯)もしくはエレメント
ムシがかみ合うことで、ファスナーの働き（閉まる）をする。太さは数字で表記し、数字が大きくなるほどムシの幅が太い。

上止め | **引き手** | **スライダー**
動かしてムシをかみ合わせたり、離したりする。

テープ
ポリエステル素材が主流。合繊や綿素材もある。

下止め

上耳

下耳

── ファスナー寸法 ──

ファスナー初心者は柔らかいフラットニット®ファスナーがおすすめ

薄くて柔らかいニットテープに、コイル状のムシが編み込まれている。上・下止めは樹脂製。金属ファスナーよりムシが薄くて柔らかく、ミシンの押えが浮かずに縫いやすい。また、このファスナーは、自分でカットして長さを調節することができる。

ファスナーの長さ調節の方法はp.112へGO

ファスナーの基本のつけ方

使用する押え
片押え

ファスナーは「片押え」を使って縫います。「片押え」は、基本の押え（J押え）に比べて布端がよく見えるので、ファスナーのきわを縫いたいときなどによく使われます。ここでは布端とファスナーのテープ端を合わせて縫いますが、あらかじめファスナーにでき上がり線を書いてから布と合わせる場合もあります（➡ p.51）。

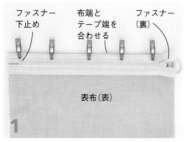

ファスナー下止め｜布端とテープ端を合わせる｜ファスナー(裏)

表布(表)

1 表布とファスナーを中表にして布端とテープ端を合わせ、仮止めクリップかまち針でとめる。

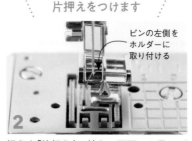

片押えをつけます

ピンの左側をホルダーに取り付ける

2 押えを「片押え」に替え、正面から見てピンの左側を押えホルダーに取り付ける。

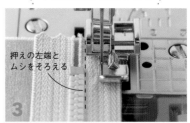

下止め側から縫います

押えの左端とムシをそろえる

3 ファスナーを閉じて下止め側から縫うと、安定して縫える。「片押え」がムシに乗ると縫いづらいので、押えの左端がムシとそろう位置に針を下ろす。

もっときわを
縫いたいときは
「ファスナー押え」
が便利!
p.30 へ
GO

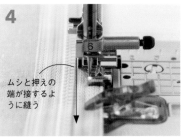

ムシと押えを
そろえるのがコツ

4

ムシと押えの
端が接するよ
うに縫う

最初に返し縫いをして縫い始める。押え
の端が、常にムシと接するように意識し
ながら縫うと、まっすぐに縫える。

基本の押えでも縫うことは可能

縫い目がムシから多少離れるが、
基本の押えでファスナーを縫うこ
とは可能。針を左基線にし、ムシ
に押えが乗らないように縫う。

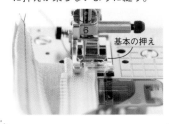

基本の押え

途中でスライダーを動かす

5

スライダーを
押えの後ろへ移動する

途中、針を下ろしたまま押えを上げ、ス
ライダーを押えの後ろに移動する。なる
べく安定させて縫いたいので、スライダ
ーの移動は最後のほうでOK（あまりギ
リギリだと動かしにくくなるので注意）。

6

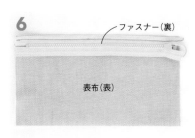

ファスナー（裏）

表布（表）

押えを下ろして最後まで縫い、返し縫い
をして縫い終わる。

7

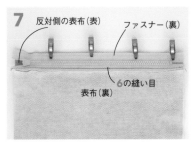

反対側の表布（表）　　　ファスナー（裏）

6の縫い目

表布（裏）

6で縫ったファスナーの反対側のテープ
端と、もう1枚の表布の布端を中表に合
わせ、仮止めクリップでとめる。

8

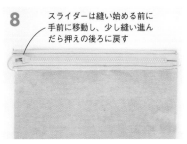

スライダーは縫い始める前に
手前に移動し、少し縫い進ん
だら押えの後ろに戻す

3～6と同様にして反対側も縫う。反対
側は、押えはそのままで上止め側から縫
ってもいいし、「片押え」のピンの右側
を押えホルダーに取り付けて下止め側か
ら縫ってもよい。

9

ファスナー（表）

表布（表）　　表布（表）

折り山に
アイロンをかける

表から折り山にアイロンをかける。この
とき、折り山の位置を変えればファス
ナーの見え方を調節できる（→ p.90）。

ステッチも「片押え」で

10

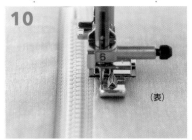

（表）

「片押え」のまま、折り山から0.2～0.3
cm内側にステッチをかける。

11

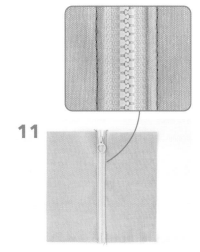

「片押え」は端が見やすいので、縫い目
がきれいに仕上がる。

基本のファスナーポーチの作り方

ここでは実際にポーチに仕立てながら、ファスナーを表布と裏布に挟んで縫いつける方法を解説します。

ファスナー端をあらかじめ折っておくことで、美しく仕上がります。

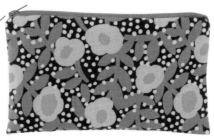

ファスナー端を折るので、完成したときの角が少し斜めになる。

ファスナーの縫い目が隠れるので、多少曲がっても気にならない、初心者さんにおすすめの作り方。表からステッチをかけないため、口まわりはふんわりした仕上がりに。

でき上がりサイズ：約縦12×横21cm

使用する押え

基本の押え（J押え）

片押え

材料
表布25×30cm、裏布25×30cm、接着芯25×30cm、20cmファスナー1本。

☆縫い代は1cmつける
※表布の裏に接着芯を貼る

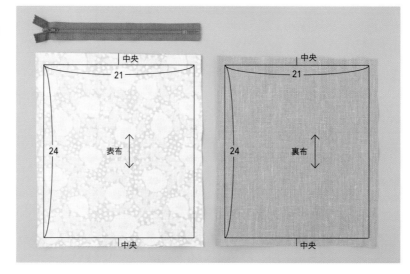

ファスナー端の始末

ファスナー端は、最初に裏側に三角に折ってとめておくとよい。手縫い、ミシン、ボンドのどの方法でもOK。

（ミシン）

なるべく外側を縫いとめる。

（手縫い）

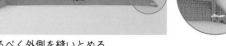

なるべく外側を縫いとめる。

（手芸用ボンド）

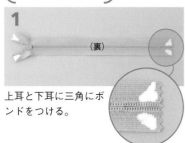

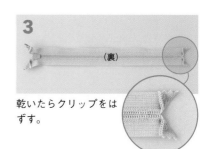

1
上耳と下耳に三角にボンドをつける。

2
上耳と下耳を折り、ボンドが乾くまで仮止めクリップで固定する。

3
乾いたらクリップをはずす。

1 ファスナーの下準備をします

1

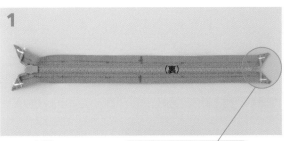

(裏)

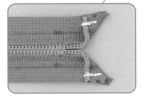

p.50を参照して、ファスナー端を三角に折る。

2

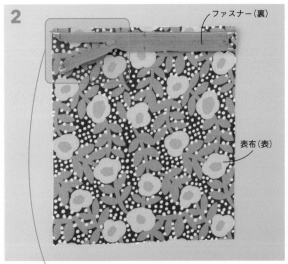

でき上がり線　　中央　　ファスナー(裏)

1.2

ファスナーの裏にでき上がり線を書く。でき上がり線はムシの中央から測る。直線を引くのが難しい場合は、2～3cm間隔で点を打ってもよい。次に、ファスナーの左右中央に合い印をつける。

2 ファスナーをつけます

1

ファスナー(裏)

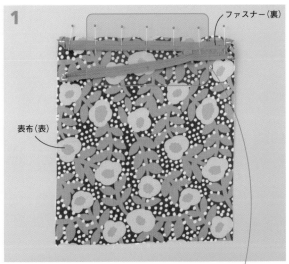

表布(表)

中央の合い印を最初にとめる

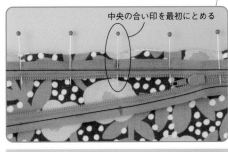

裏

中央

口側

表布(裏)

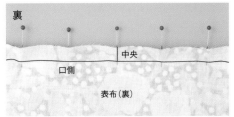

表布とファスナーを中表に合わせる。中央の合い印を合わせてから、両端、その間の順にまち針でとめる。

2

ファスナー(裏)

表布(表)

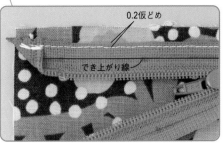

0.2仮どめ

でき上がり線

「基本の押え」を使って、ファスナーのでき上がり線の外側（テープ端から0.2cm）をミシンで縫って仮どめする。

3

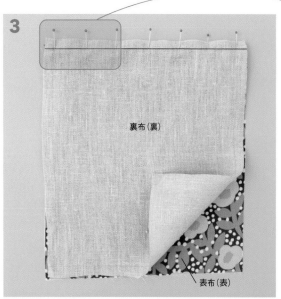

ファスナーは開けておく　　　　中央

中央の合い印を
最初にとめる

裏布(裏)

表布(表)

表布と裏布を中表に合わせてまち針でとめる。

スライダーが
押えに当たって
動かしにくいときは…

本体を反時計まわりに90
度回転させ、針の手前でスラ
イダーを移動させるとよい。

4

裏布(裏)

押えを「片押え」に付け替え、正面から
見てピンの左側を押えホルダーに取り付
ける。針は中基線にセットする。布端に
針を下ろし、返し縫いをしてからでき上
がり線上を縫う。

5

裏布(裏)　　スライダー

裏布(表)

表布(表)

スライダーの手前まできたら針を下ろした状態で押えを上げ、
裏布をめくって引き手を持ち、スライダーを押えの後ろ側に引く。

6

スライダー

裏布(裏)

押えを下ろして続けて縫う。布端まで縫
ったら、縫い終わりも返し縫いをする。

スライダー

裏布(裏)

7

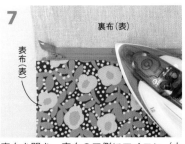

裏布（表）

表布（表）

裏布を開き、表布の口側にアイロン（中温）をかける。折り目をしっかりつけておくと、仕上がりがきれい。

8

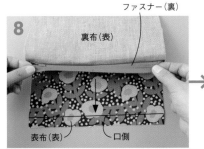

ファスナー（裏）

裏布（表）

表布（表）　口側

ファスナーの反対側を、もう一方の表布口側に中表に合わせる。中央の合い印を合わせてから、全体をまち針でとめる。

裏布（表）

中央の合い印を最初にとめる

表布（表）

中央

ファスナー（裏）

9

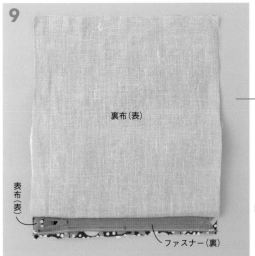

裏布（表）

表布（表）

ファスナー（裏）

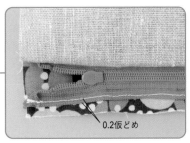

0.2仮どめ

p.51 **2-2**と同様にして、ファスナーのでき上がり線の外側（テープ端から0.2cm）をミシンで縫って仮どめする。ここでは「片押え」のままで縫ってもOK。

10

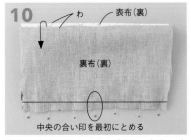

わ　　表布（裏）

裏布（裏）

中央の合い印を最初にとめる

裏布を中表になるように折り、表布と中表に合わせてまち針でとめる。

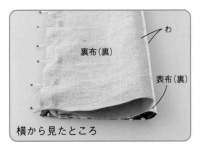

わ

裏布（裏）

表布（裏）

横から見たところ

11

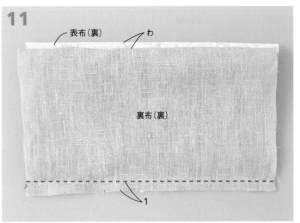

表布（裏）　　わ

裏布（裏）

1

4～6と同様にして、途中でスライダーを動かしながら、でき上がり線上を縫う。

3 両脇を縫います

1

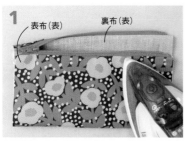
表布（表） 裏布（表）

表に返し、表布の口側にアイロン（中温）をかけて折り目をつける。

2

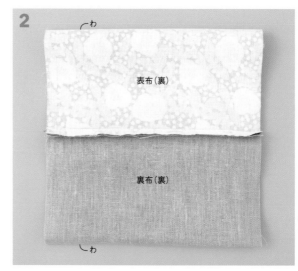
わ
表布（裏）
裏布（裏）
わ

もう一度裏に返し、今度は表布と裏布をそれぞれ中表に合わせる。このとき、ファスナーは開けておく。

3

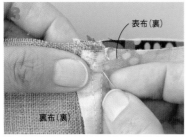
表布（裏）
裏布（裏）

中央の縫い代を裏布側に倒し、表布とファスナーとの縫い目のきわにまち針を刺す。

4

表布（裏） 裏布（裏）

裏布の折り山ギリギリを通っているか確認しながら、反対側の縫い目のきわに針を出す。厚みがある場合はまち針を斜めにとめてもOK。

よい 斜めにとめても
表布（裏）
裏布（裏）

5

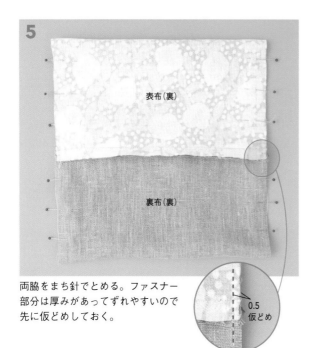
表布（裏）
裏布（裏）

0.5
仮どめ

両脇をまち針でとめる。ファスナー部分は厚みがあってずれやすいので先に仮どめしておく。

6

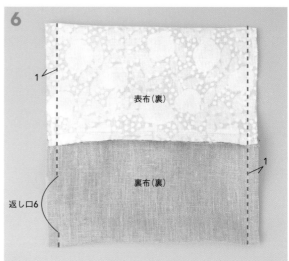
1
表布（裏）
裏布（裏）
返し口6
1

裏布に返し口を残して、両脇のでき上がり線上を続けて縫う。押えはここで「基本の押え」に付け替える。

7

表布(裏)

裏布(裏)

返し口から表に返す。底の両角は、下の
「角のきれいな返し方」を参照して返す。

8

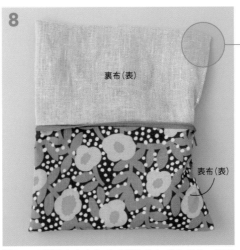

裏布(表)

表布(表)

0.2

端ミシンは
p.25 へ
GO

返し口の折り山を合わせて端ミシンをかける。裏布
を入れ込み、形を整える。

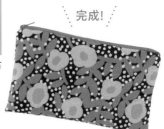

完成!

角の出し方は
p.113 も
参照

角のきれいな返し方

1

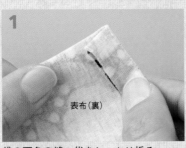

表布(裏)

袋の下角の縫い代をしっかり折る。

2

中に指を入れて角をつまむ。

3

表布(表)

裏布(裏)

くるっと返し口に出す。

4

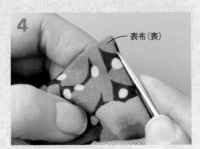

表布(表)

角を目打ちで引き出すときれいに整う。

パイピング

パイピングは、作品の飾りや布端処理などによく使われるテクニックです。
基本のパイピングのやり方を覚えたら、カーブ、厚みのある縫い代の始末、
額縁仕立ての方法までマスターしましょう。

バイアステープの種類

パイピングは、基本的にバイアスになった布を使います。バイアスとは布目に対して45度の角度。伸びや　すいので、カーブラインなどにもきれいに沿ってくれます。市販のバイアステープは、幅や色柄も豊富です。

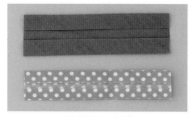

両折りタイプ

テープの両端が折ってあるタイプ。バッグや小物の縫い代始末のパイピング、ウエア作りで見返し処理をする際など、どちらのシーンにも使えて便利。

縁どりタイプ

両折りタイプをさらに半分に折ってある、パイピング用のバイアステープ。本体の布端を間に挟み、1回のステッチで仕上げることも可能。

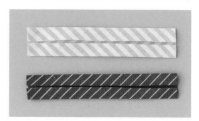

手作りで

バイアステープは作品の色柄に合わせて手作りすることもできる。手作りなら、必要分のみ作れて無駄がない。手作りする場合の作り方は**p.62**を参照。

基本のパイピング

"縁どりタイプ"のバイアステープを使って、まっすぐきれいにパイピングをするコツを覚えましょう。

使用する押え
基本の押え（J押え）

1

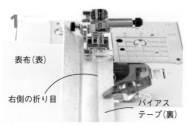

表布（表）
右側の折り目
バイアステープ（裏）

バイアステープの片側を開き、開いたテープ端を表布の布端にそろえて中表に合わせる。テープの右側の折り目の上に針を下ろす。

2

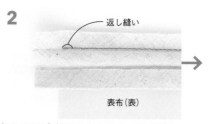

返し縫い
表布（表）

縫う
表布（表）

押えを下げ、折り目の上をまっすぐ縫う。縫い始めと縫い終わりは返し縫いをする。

3

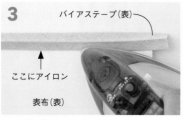

バイアステープ（表）
ここにアイロン
表布（表）

テープを起こし、はぎ目にしっかりアイロンをかける（ほかの折り目がアイロンで消えないように注意）。

縫い目を隠すようにくるむ

4

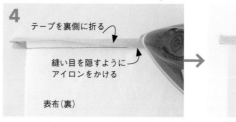

テープを裏側に折る
縫い目を隠すようにアイロンをかける
表布（裏）

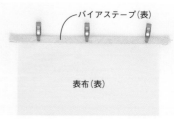

バイアステープ（表）
表布（表）

折り目に沿って、テープを表布の裏側に折る。**2**の縫い目を隠すように少し引っぱりながらアイロンをかけ、仮止めクリップまたはまち針でとめる。

表から縫うのがポイント

5

表を見ながら縫う

表布（表）

裏

表布（裏）

表側からのステッチ

裏側のテープで縫い目がしっかり隠れている

表側から折り山にステッチをかける。**4**で縫い目を隠しているので、裏側のテープから縫い目が落ちることはない。また、表側からミシンをかけるので、縫い目がガタつかない。

模様を選択して縫うのもGOOD

1のプロセスで表布の裏側にテープを合わせて縫い、表に返したあと模様縫いでステッチするのもアリ。表から縫うので、テープを動かして縫い目を隠しながら縫えるメリットも。

バイアステープ（表）

表布（表）

ジグザグ縫い

コレ！

振り幅を大きくして本体に針を落とすように縫うと、さらにカジュアルな雰囲気に。色糸を使ってアクセントにしてもかわいい。

テープの折り山に合わせる

バイアステープ（表）

表布（表）

アップリケ縫い

コレ！

落としミシンのように、縦のラインを折り山に沿わせるように縫う。パイピングに厚みがあると、縦のラインが見えなくなって縦まつりのような仕上がりに。

バイアステープの端の始末

1

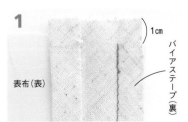

表布（表）

1cm

バイアステープ（裏）

「基本のパイピング」を参照して、表布にバイアステープを縫いつける。このとき、テープを表布より1cm長くする。

2

バイアステープを広げる

1cm折る

表布（裏）

バイアステープを起こしてアイロンをかける。表布を裏に向け、テープを広げて1cmはみ出した部分を内側に折る。

3

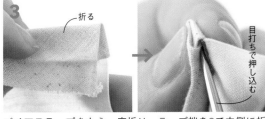

折る

目打ちで押し込む

バイアステープをもう一度折り、テープ端を**2**で内側に折った部分に入れ込むようにたたむ。目打ちを使うと便利。

4

縫い目が隠れるようにバイアステープでくるみ、まち針か仮止めクリップでとめる。

5

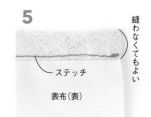

縫わなくてもよい

ステッチ

表布（表）

表からステッチをかける。**3**でテープ端をしっかり入れ込んであれば、まっすぐ縫うだけで布端が出てきてしまうことはない。

カーブをパイピング

カーブラインのパイピングには、伸縮性のあるバイアステープがうってつけ。バイアスを伸ばさないように注意して、カーブ部分に沿うように、細かくまち針を打つのがポイントです。

（スタイ）

縫い代のゴロつきを抑えたいスタイは、パイピング仕上げがおすすめ。首まわりのひもも、バイアステープを伸ばして作ることができる。

でき上がりサイズ：約縦22×横23cm
作り方はp.116　実物大型紙あり

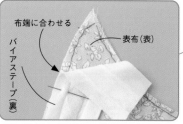

布端に合わせる
バイアステープ（表）
表布（表）
バイアステープ（裏）

裏　0.5
裏布（表）

1

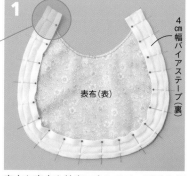

4cm幅バイアステープ（裏）
表布（表）

表布と裏布を外表に合わせて、周囲を仮どめしておく。バイアステープを伸ばさないように気をつけながら、まち針でとめる。つけ始めとつけ終わりは、本体よりも0.5cm長く残してカットする。

2

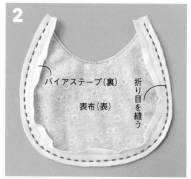

バイアステープ（裏）
表布（表）
折り目を縫う

テープの折り目の上を縫う。カーブ部分は時折押えを上げて布を直しながら、ゆっくりとミシンをかける。

カーブの縫い方はp.24へGO

3

バイアステープ（表）
アイロンで落ち着かせる
裏布（表）

テープを起こして縫い目にアイロンをかける。折り目に沿ってテープを裏布側に折り、縫い目を隠すように縫い代をくるむ。カーブ部分は、テープが丸みに自然になじむようにアイロンで落ち着かせる。

4

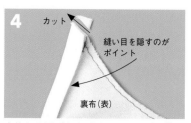

カット
縫い目を隠すのがポイント
裏布（表）

本体から飛び出たバイアステープの端をカットし、下のようにまち針でとめる。

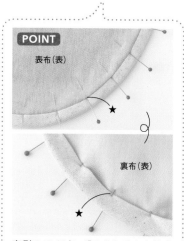

POINT
表布（表）
★
裏布（表）
★

表側のパイピングのきわにまち針を刺す（★）。裏側にまち針を出すときは、縫い目をテープでしっかり隠す。

5

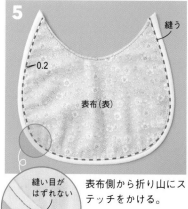

縫う
0.2
表布（表）
縫い目がはずれない
裏

表布側から折り山にステッチをかける。

表布（表）
テープのきわを縫ってもよい

テープ上ではなくきわを縫っても、裏のテープからはずれない。この場合は、表布と糸の色をそろえるとよい。

縫い代をパイピング

裏布なしで作る布小物は縫い代の始末が必須。縫い代が厚くなるときの縫い代処理には、バイアステープが役に立ちます。縫ったあとで縫い代幅をやや細く切りそろえておくと、きれいにくるめます。

（キルティングバスケット）

裏布なしのキルティング地1枚で作った、小ぶりのバスケット。口側の縁どりと同じ色でパイピングをすれば、アクセントになる。

でき上がりサイズ：約底直径13×高さ12cm
作り方はp.117
実物大型紙あり

1

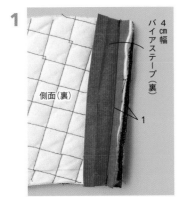

4cm幅
バイアステープ（裏）

側面（裏）

1

キルティング地で側面と底を用意する。側面を中表に二つ折りにし、**p.56**を参照しながら、側面のでき上がり線にバイアステープの折り目を重ねる。テープと側面を一緒に縫う。

2

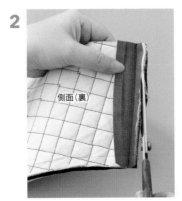

側面（裏）

厚みがあるので、縫い代とテープを約0.8cm幅に切りそろえる。

3

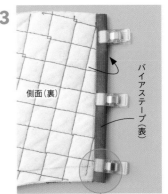

側面（裏）

バイアステープ（表）

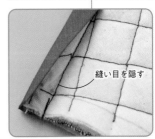

縫い目を隠す

テープを起こし、縫い目を隠すように縫い代をくるんで仮止めクリップでとめる。

4

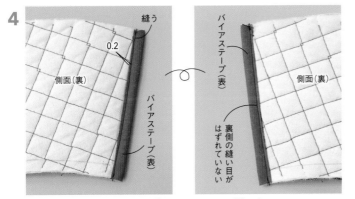

縫う
0.2
側面（裏）
バイアステープ（表）

バイアステープ（表）
側面（裏）
裏側の縫い目がはずれていない

折り山にステッチをかける。**3**で縫い目をしっかり隠したので、裏側の縫い目ははずれていない。

"額縁仕立て"にパイピング

布の角のパイピングによく使われるのが"額縁仕立て"という方法。角に額縁のような45度の折り目ができて、角がしっかり直角になり、見栄えも抜群です。角の縫い方と裏側への返し方にコツがあるので、ここでマスターしましょう。

(ハンカチ)

ダブルガーゼのような素材を四角く切って周囲をパイピングすれば、吸水性のよい手作りハンカチの完成。額縁仕立てで仕上がりもワンランクUP。

でき上がりサイズ：約25cm四方

材料
本体ダブルガーゼ地25cm四方、3.5cm幅縁どりタイプバイアステープ1.1m。

印まで縫って
いったん針を上げます

1
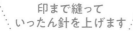
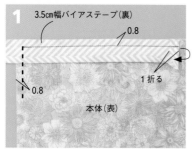

3.5cm幅バイアステープ(裏)
0.8
1折る
0.8
本体(表)

POINT

印まで縫う
(表)

バイアステープの片側を開き、本体の布端にそろえ、中表に合わせて縫う。つけ始めは1cm折っておく。角は印までで縫い止まる。

2

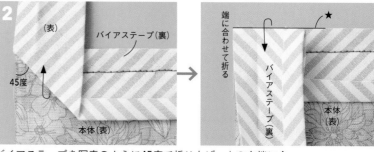

(表)
バイアステープ(裏)
45度
本体(表)

端に合わせて折る
★
バイアステープ(裏)
本体(表)

バイアステープを写真のように45度で折り上げ、★の布端に合わせて折り返す。本体の次の辺にバイアステープの端を合わせる。

3
バイアステープ(裏)
0.8
本体(表)
0.8

縫い始めは布端から、縫い終わりは印まで縫う。

POINT

布端から縫う
(表)

4
1.5
0.8
バイアステープ(裏)
本体(表)
0.8
バイアステープ(裏)

残りの2辺も**2・3**と同様に縫う。つけ終わりはつけ始めのバイアステープに約1.5cm重ねる。

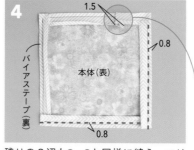
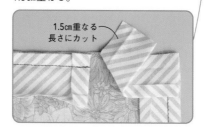
1.5cm重なる長さにカット

5
0.8
本体(表)
バイアステープ(裏)

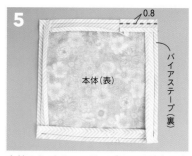

布端からバイアステープのつけ終わりまで縫う。

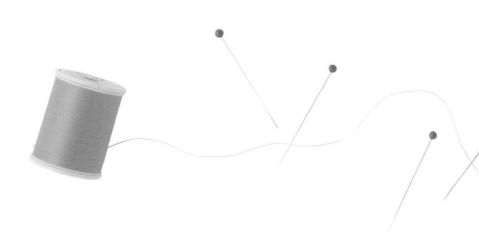

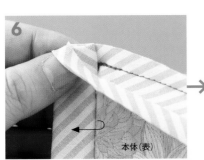  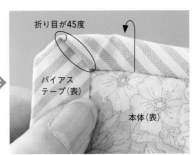

6

本体(表)

布端と折り目の
高さをそろえる

折り目が45度

バイアス
テープ(表)

本体(表)

バイアステープを表に返す。角の部分は写真のように本体の布端とテープの折り目の高さをそろえ、指で押さえながら表に返す。角に45度の折り目が出る。

 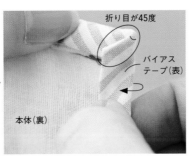

7

バイアステープ(表)

縫い目を隠す

本体(裏)

折り目が45度

バイアス
テープ(表)

本体(裏)

本体を裏にし、バイアステープで縫い目を隠すようにして縫い代をくるむ。裏も折り目が45度になり、額縁のように仕上がる。

まち針のとめ方

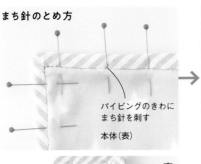

パイピングのきわに
まち針を刺す

本体(表)

裏

縫い目をテープで隠す
ようにまち針を出す

本体(裏)

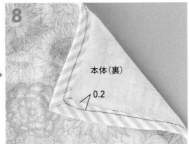

8

本体(裏)

0.2

まち針または仮止めクリップでとめて、表から折り山を縫う。縫い目を隠すようにテープを折り返しているので、縫い目がはずれてしまう心配はない。

完成!

バイアステープの作り方

好きな色や柄、または本体と共布でバイアステープを手作りすることもできます。布をバイアスに細長く切り、必要分を縫いつなぎますが、はぎ目はあまり多くないほうがきれいなので、布は少なくとも50cm四方以上を用意するとよいでしょう。

＊3.5cm幅のバイアステープを作る場合

1 布をバイアスに裁ちます

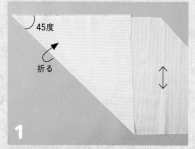

1

45度

折る

布目を整えて45度に折り、折り目をつける。

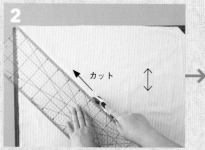

2

カット

布を開き、折り目に沿ってカットする。

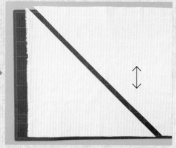

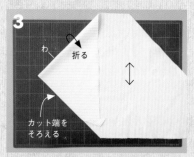

3

わ

折る

カット端をそろえる

カットした辺を二つ折りにする。

4

わ

カット

布の角度を変えて置き、カットした辺から3.5cmの所に定規を当て、カットする。

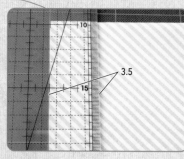

10

15

3.5

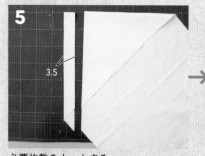

5

3.5

必要枚数をカットする。

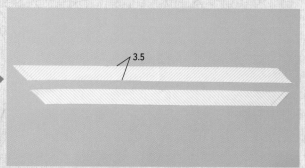

3.5

2 はぎ合わせます

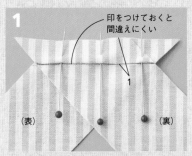

印をつけておくと
間違えにくい

1

(表)　　　(裏)

バイアステープに縫い代の印をつける
(写真は1cm)。写真のように2枚を中表
にし、印と印を合わせてまち針でとめる。

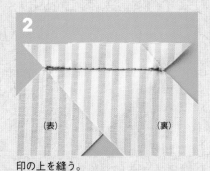

(表)　　　(裏)

印の上を縫う。

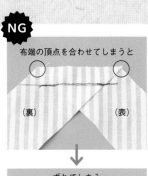

NG

布端の頂点を合わせてしまうと

(裏)　　　(表)

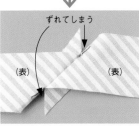

ずれてしまう

(表)　　　(表)

布端の頂点を合わせてしまう
と、写真のようにずれてしまう
ので要注意。

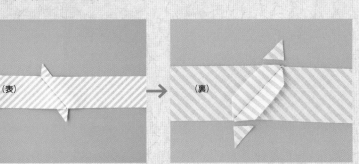

(表)　→　(裏)

縫い代を割り、飛び出した縫い代をカッ
トする。

3 両端を折ります

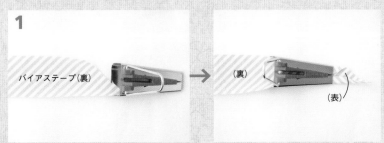

バイアステープ(裏)　→　(裏)

(表)

「テープメーカー」にバイアステープの裏を上にして差し込
む。出てきたテープがバランスよく折れているか確認する。

「テープ
メーカー」は
p.34へ
GO

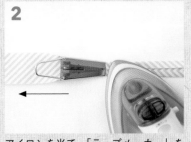

2

アイロンを当て、「テープメーカー」を
矢印の方向へ引きながら折り目をつけて
いく。

完成!

ワンランクアップの縫い方レッスン

角をきれいに縫うコツ、カーブをなめらかに縫うコツなど、
作品の仕上がりを格上げしてくれる、小さなミシンテクニックを集めました。
ミニバッグやポーチなど、作品が小さければ小さいほど、この小ワザが効いてきます。

Lesson1 角をきれいに縫う①

真四角のポケットは、サイズが小さいほど形のゆがみが気に
なります。また、押えの下に印が入ると、どこまで縫い進め
ばいいのかもわかりづらくなりがち。しっかり角に針を落と
すテクニックを覚えましょう。

作るのは
（ ポンポン付きミニトート ）

財布とスマホが入る大
きさのワンマイルバッ
グ。ポケットの角を出
すコツは、バッグの底
を返すときにも役立つ。

でき上がりサイズ：
約縦21×横23cm
作り方はp.118

ポケットを四角く縫う

1

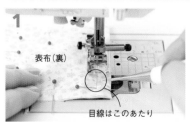

表布（裏）

目線はこのあたり

直線を縫う際は針もとではなく、押えの
先端のあたりを見ながら進むとまっすぐ
縫える。

2

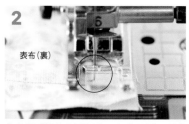

表布（裏）

角の印が押えの下に入ったらスピードを
落として角まで縫い進む。

角に針が落ちたら布を回転

3

針を下ろした
まま回転する

角の印に針が落ちたら、押えを上げて布を90度回転し、次の
辺を縫い進む。これを繰り返し、返し口を残して4辺縫う。

角の縫い方は
p.23も
参照

行きすぎてしまったら
手動でリカバー

ほんの少し印より先に針が落ちてしま
った場合は、押えを上げた状態でプー
リーを手動で回し、角の印に針を落とす。

きれいな四角にするには
ここもポイント

カット

表布（裏）

4辺縫えたら四隅
の角を三角に切り
落とす。

↓

裏布（裏）

縫い代を裏布側に
倒してアイロンで
押さえる。このあ
と、表に返す。

Lesson2 角をきれいに縫う②

四角い底と側面を縫い合わせる場合、側面の形状によって縫い方が変わります。まずは、側面が輪になっている場合の縫い方からマスターしましょう。向かい合う辺を1辺ずつ順に縫うと、縫いやすく、全体がずれにくくなります。

作るのは
（メンズテイストのバネポーチ）

メンズライクな布合わせでも、バッグの口にギャザーが寄って柔らかな印象の持ち手付きポーチ。底まちのおかげで容量アップ。

でき上がりサイズ：
約縦13×横14cm、
まち幅約6cm
作り方はp.119
実物大型紙あり

片手で左右から少し押して口を開ける、楽チンなバネポーチ。

四角い底と輪になった側面を縫う

1

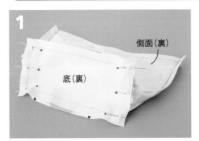

側面(裏)

底(裏)

底と側面を中表に合わせ、先に短辺のみをまち針でとめる。側面の脇の縫い目と底の短辺の中央を合わせる。

2

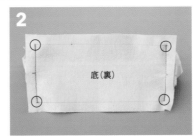

底(裏)

短辺をでき上がりの印から印まで縫う。縫い始めと縫い終わりは返し縫いをする。

ぐるりと縫うのではなく向かい合う辺を1辺ずつ縫うのがポイント!

3

2の縫い目

側面(裏)

切り込みは縫い止まった所に

2で縫い止まった所の側面側の縫い代に切り込みを入れる。切り込みは深く入れすぎないように気をつけて。

4

底(裏)

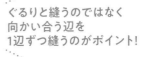

こちらは布端から布端まで縫います

底の長辺と側面を中表に合わせてまち針でとめ、布端から布端まで縫う。

65

Lesson3 角をきれいに縫う❸

ここでは底布の四辺に1枚ずつ側面を縫いつける方法をご紹介します。側面と底は全て印から印までを縫い、あとで側面同士を縫う際に合わせやすくしておくことがポイントです。

作るのは
サイコロ風キューブ型バッグ

側面も底も正方形のキューブ型バッグは、しっかり自立する帆布製。帆布は普通地より縫い目の長さを少し大きくすると縫いやすい。

でき上がりサイズ:
約幅20×奥行20×
高さ20cm
p.120

裏袋にはポケットが2個。1つは中央に仕切りを入れて。

四角い底に4枚の側面を縫う

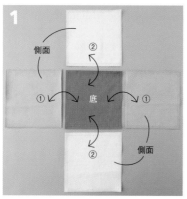

1

側面 ② ①
底 ①
② 側面

写真の数字の順番で縫い合わせる。底に4面の側面を縫いつける場合は、底の左右、上下と縫いつけていくとよい。

印から印まで

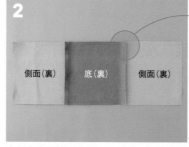

2

側面(裏) 底(裏) 側面(裏)

印まで縫う

底の左右に側面を縫いつける。印から印までで縫い止まる。

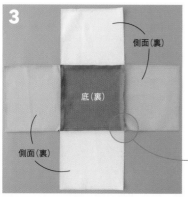

3

側面(裏)
底(裏)
側面(裏)

印から印まで

底の上下に側面を縫いつける。印から印までで縫い止まる。このとき、先に縫った側面の縫い代を縫い込まないように注意する。

口側は布端まで

4

側面(裏)

隣り合う側面同士を中表に合わせて縫う。矢印のように、底側から口側に向かって縫い進む。底側は印から、口側は布端まで縫う。

Lesson4 カーブをきれいに縫う

カーブと直線を縫い合わせる際は、直線パーツのほうに切り込みを入れ、直線のパーツを上にしてミシンをかけるのがポイント。また、1針ずつ方向を変えながら縫うと縫い目がガタつく原因にもなるので、一定の速度で布を回転させながら縫いましょう。

作るのは
（オーバルバスケット）

ウサギ柄と水玉でやさしい雰囲気にまとめたオーバルバスケットは、持ち運びしやすいように短めの持ち手付き。ウサギの首もとにはポイントにリボンをあしらって。

でき上がりサイズ：
（大）約底短径20.5×長径29cm、高さ約16cm
（小）約底短径13.5×長径21.5cm、高さ約13cm
作り方はp.121

実物大型紙あり

カーブの底と輪の側面を縫う

側面を上にして

1
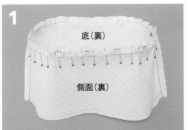

側面と底を中表に合わせてまち針をとめる際、直線の側面の布がややつれるので切り込みを入れながらまち針をとめる。

側面の縫い代に切り込みを

2

縫い目の長さは2〜2.5mm程度。速度はゆっくりにする。フットコントローラーの場合はしっかり踏み、同じ速度で縫う。踏み加減で速度が変わると縫い目のガタつきの原因に。

3
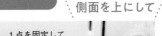
1点を固定して布を回転
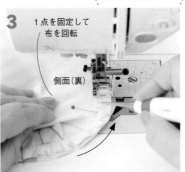
側面（裏）

カーブ部分は1点を左手で軽く押さえ、目打ちで布を送りながら縫い進む。1点を動かさずに押さえておくことで自然と布が回転していく。

カーブの縫い方はp.24へGO

4
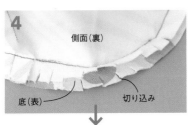
側面（裏）
底（表）　切り込み
↓

底（表）

1周縫えたら底の縫い代にも切り込みを入れ、表に返す。

口まわりの端ミシンは…
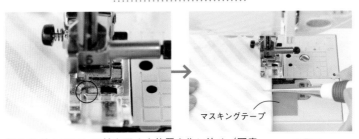
マスキングテープ

押えをガイドにして針を下ろす位置を先に決め（写真左）、布をまっすぐ置いて布端に合わせてマスキングテープを貼る。マスキングテープをガイドに縫う（写真右）。

端ミシンはp.25へGO

Lesson5
カーブと鋭角の切り込みを
きれいに縫う

カーブは **p.67 Lesson4** と同様に左手で1点を固定し、自然に布が回転するように縫い進めるのが、なめらかなラインにするコツ。谷のようになった鋭角の角は、ちょうど角に針が落ちるようプーリーなどを使って調整します。でき上がり線が押えの下に入ると見えにくいので、透明の押えを使うのもおすすめです。

作るのは
（ 花びらトレイ ）

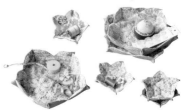

花びら部分をつまんで縫い、立体的に仕上げたトレイ。小花柄のリバティプリントで作れば、テーブルが華やかに！ 大小作っておくと、整理整頓に重宝。

でき上がりサイズ：
（大）各約直径20×高さ4cm
（小）各約直径10×高さ2cm
作り方はp.122　実物大型紙あり

カーブと鋭角を縫う

1

表布（表）／裏布（裏）／返し口を縫い残す／でき上がり線の上を縫う

表布の裏に片面接着キルト芯を貼り、裏布と中表に合わせる。返し口を残してでき上がり線上を縫う。

2

1点を固定して縫う

カーブ部分は1点を左手で軽く押さえて動かないようにしながら、目打ちで布を送りながら縫い進むと、自然に布が回転する（p.67を参照）。

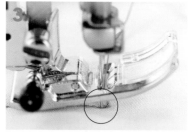

3

花びらの谷になった鋭角の部分は、でき上がりが押えの下に入ると見えにくくなるので、押えを上げて針が落ちている位置を確認しながらゆっくり縫い進める。

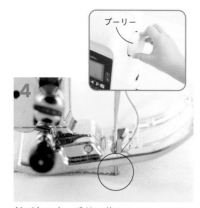

プーリー

4

針が角の少し手前に落ちてしまっているときは、押えを上げたまま手動でプーリーを回し、でき上がりに針が落ちるよう布を少しずらして縫い、方向転換する。

角をオーバーしてしまったら…

5

角を1針過ぎてしまった場合も（写真左）、4と同様に、押えを上げてプーリーを手動で回し、針位置を調整する。

実践編

ミシンを使いこなす

practice

最後は実践編！
これまでに登場したミシンの使い方をおさらいしながら
素敵な布小物を作ってみましょう。
すぐに作れる簡単巾着から、ポケットいっぱいの多機能リュックまで
ミシンソーイングの醍醐味を満喫してください。
わからないことが出てきたら、基礎編、応用編のページを再チェック。
大きなプロセス写真で解説しているので、はじめてさんでもきっと大丈夫！

●材料で○×○㎝と記載されているものは、横×縦です。
●用尺は少し余裕をもたせたサイズです。
●プロセスに登場する数値の単位は基本的に㎝です。
●わかりやすく説明するために糸の色を変えていますが、実際は布の色に合わせた糸を使ってください。

作ってみよう！

一枚仕立ての巾着

まずはいちばん基本的な形の巾着を
作りながら、ミシンの基礎を
おさらいしましょう。
プロセスには、基礎編でマスターした
テクニックがたくさん登場しますので、
該当ページを参照しながら進めましょう。

裁ち目かがり	返し縫い	角を縫う
三つ折り縫い	糸始末	

材料
表布：25×60cm、
0.5cm径ひも120cm（半分に切る）

使用する押え
基本の押え
（J押え）

裁ち目かがり押え

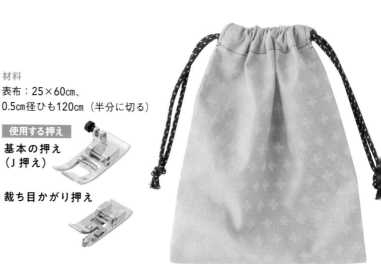

でき上がりサイズ：約縦24×横20cm

1

22
4
口側
1
（裏）
56
底中央わ

表布を縦56×横22cmに裁つ（縫い代込
み）。でき上がり線は書かない。

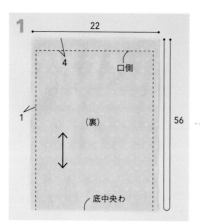

POINT
底をわにするときは、
表布は柄に方向がない
ものを選ぶのがベタ
ー。方向がある布を使
いたい場合は、底に縫
い代1cmをつけて縦29
×横22cmを2枚裁つ。

裁ち目
かがりは
p.26へ
GO

2

（表）
両脇に裁ち目かがりをする
（裏）
底中央わ

「裁ち目かがり押え」を
セットし、表布の両脇に
裁ち目かがりをする。

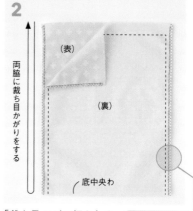

3

7
あき止まりの
印を入れる
底中央わ

表布を中表に二つ折りにし、両脇をまち
針でとめる。上から7cmの所の両端に印
をつけ、あき止まり位置とする。

4

押えの端に布端を
合わせる
（裏）
左基線にする
約1cmになる

「基本の押え」をつけ、脇のあき止まり位置に針を下ろす。縫い代1cm
なので、押えの端に布端をそろえ、針を左基線にするとよい（➡p.16
参照）。

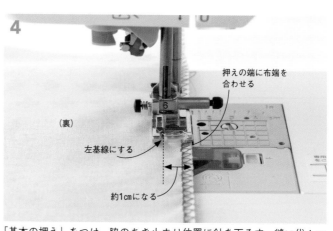

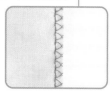

5

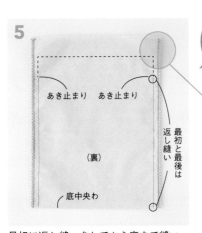

返し縫いは
p.22へ
GO

あき止まり　あき止まり

最初と最後は返し縫い

（裏）

底中央わ

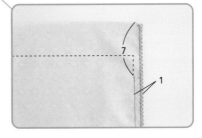

最初に返し縫いをしてから底まで縫い、最後も返し縫いをして縫い終える。反対側の脇も同様に縫う。このとき、両脇ともあき止まりから底に向かって縫ったほうが、全体がゆがみにくいので、反対側は裏返して縫うとよい。

6

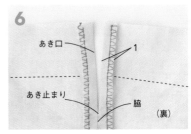

あき口　　1
あき止まり　脇　（裏）

両脇の縫い代を割り、アイロンをかける。

7

0.5

（表）

両脇のあき口のステッチは表からかける。あき口の折り山から0.5cmの所に針を下ろし、返し縫いをしてから縫い始める。

8

あき口は閉じておく

あき止まりまで縫えたら、針を下ろしたまま押えを上げ、布の向きを90度回転させる（➡p.23参照）。押えを下げ、あき止まり位置を返し縫いをするように縫って丈夫にする。

角の
縫い方は
p.23へ
GO

9

0.5
（表）

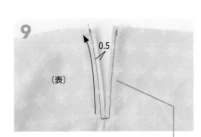

（裏）

8と同様にして角を曲がり、あき口の折り山から0.5cmの所を続けて縫い、返し縫いをして縫い終わる。反対側のあき口も同様に縫う。

10

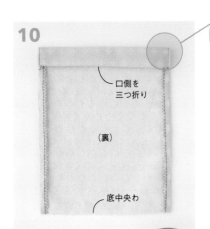

口側を三つ折り

（裏）

底中央わ

口側を1cm→3cmの三つ折りにする。

三つ折り縫いは
p.28へ
GO

脇　1　3

11

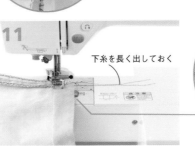

下糸を長く出しておく

下糸の
出し方は
p.43へ
GO

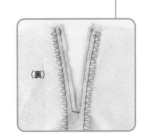

（裏）
三つ折りの折り山

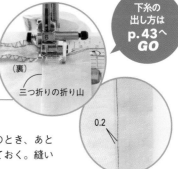

0.2

三つ折りの折り山にステッチをかける。このとき、あとから行う糸始末のために下糸を長めに出しておく。縫い始めに返し縫いをし、折り山を縫う。

12

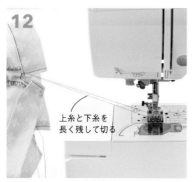

上糸と下糸を
長く残して切る

縫い終わりも返し縫いをして、上糸、下糸ともに長く残して糸を切る。反対側の三つ折りの折り山も同様に縫う。

13

（裏）

長く残した糸を使い、下を参照して糸始末をする。返し縫いをして簡単に糸を切るだけでもOKなので、お好みで。

14

（表）

目打ちなどで
角をきれいに返す

袋を表に返す。底の角は、目打ちなどを使って整える。

角のきれいな
返し方は
p.55へ
GO

15

60cmのひもを通す

半分に切ったひもを左右から通して端を結ぶ。

完成！

見栄えよく
糸始末をするひと工夫

ミシンで返し縫いをすれば糸はほどけないけれど、短い糸端はどうしても見えてしまうもの。そこで、玉どめをして、さらに布の中に玉どめを入れ込み、表裏とも美しく仕上げる方法をご紹介。

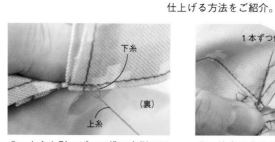

下糸

上糸

（裏）

1 上糸を引っぱって袋の裏側に下糸を出す。

1本ずつ作業する

2 片方の糸を手縫い針に通し、糸の出ている根元に針を合わせて2〜3回糸を巻きつける。

玉どめ

3 玉どめの要領で針を抜く。

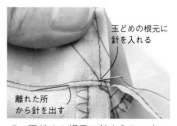

玉どめの根元に
針を入れる

離れた所
から針を出す

4 玉どめの根元に針を入れ、少し離れた所から針を出す。

こちらの糸も
同様に始末をする

ここで糸をカット

5 糸をぐっと引っぱり、玉どめを布の内側に入れ込む。少し引っぱった状態で糸を切れば、糸端も布の内側に戻る。もう片方の糸と、残りも同様に始末する。

作ってみよう!

裏布付きレッスンバッグ

ミシンを使い始めるきっかけが、
入園入学用のレッスンバッグという方も多いはず。
裏布付きで作ると縫い代の始末がいらないので、
初心者さんにおすすめです。持ち手やポケットを
丈夫につけるポイントもマスターしましょう。

| 返し縫い | 端ミシン | 角を縫う | 持ち手を仮どめ |

材料
側面表布・内ポケット70×50cm、底表布・裏布95×70cm、
持ち手用2.5cm幅テープ70cm、ネームラベル1枚、タグ1枚。

使用する押え
**基本の押え
（J押え）**

でき上がりサイズ：約縦29.5×横37cm、
まち幅5cm

1 各パーツをカットします

各パーツの寸法に縫い代を1cmつけて裁つ。
持ち手になるテープは、両端に1cmずつ縫い
代をつける。

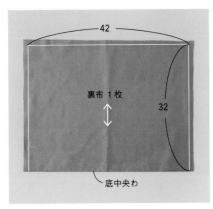

裏布 1枚
42
32
底中央わ

☆縫い代は1cmつける

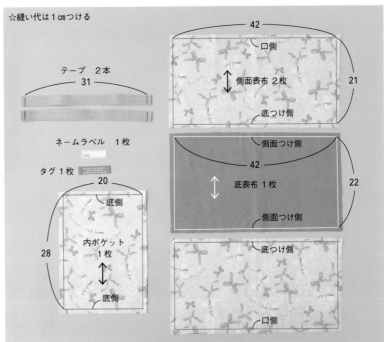

テープ 2本
31

ネームラベル 1枚

タグ1枚

内ポケット
1枚
20
28
底側
底側

側面表布 2枚
42
21
口側
底つけ側

底表布 1枚
42
22
側面つけ側
側面つけ側

底つけ側
口側

2 表袋を作ります

1

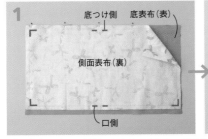

底つけ側　底表布（表）
側面表布（裏）
口側

側面表布（裏）
底表布（表）

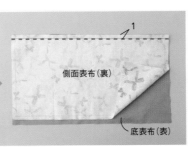

側面表布の底つけ側と底表布の側面つけ側を
中表に合わせ、まち針でとめて縫う。

縫い代は底表布側に倒します

2

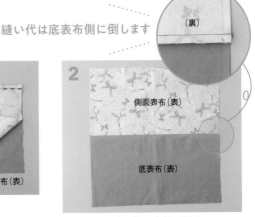

側面表布（表）
底表布（表）
（裏）

表に返して縫い代を底側に倒す。

3

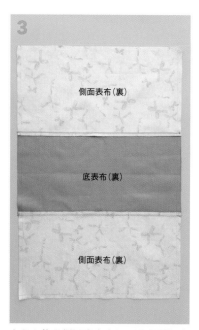

側面表布（裏）

底表布（裏）

側面表布（裏）

もう1枚の側面表布も**1**・**2**と同様にして縫い、縫い代は底側に倒す。

4

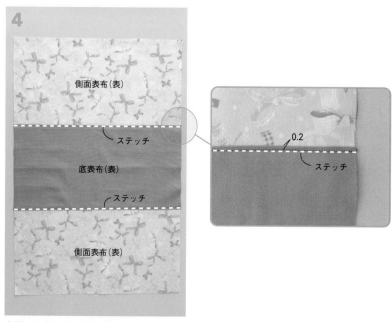

側面表布（表）

ステッチ

底表布（表）

ステッチ

側面表布（表）

0.2

ステッチ

表側から折り山（縫い代の上）にステッチをかける。

5

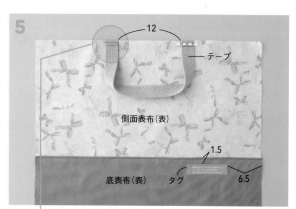

12

テープ

側面表布（表）

1.5

底表布（表）　タグ　　6.5

側面表布の口側にテープを仮どめする。底表布にタグを縫いつける。反対の口側にも同様にテープを仮どめする。

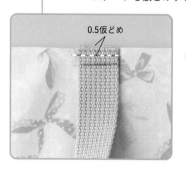

0.5仮どめ

仮どめの方法は **p.113へ** *GO*

6

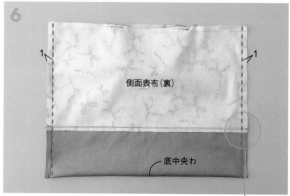

1

側面表布（裏）

1

底中央わ

5を中表に二つ折りにし、両脇を縫う。このとき、底表布の縫い目がそろうときれいなので、**p.75**を参照して合わせる。

縫い目を合わせる

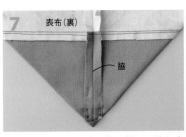

まちを縫う。脇の縫い代を割り、脇と底中央を合わせて底側を三角に折る。

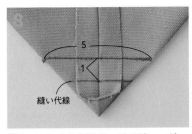

幅5cmになるよう印をつけて縫い、縫い目から1cm外側に縫い代の線を書く。

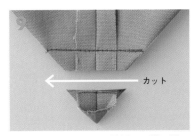

縫い代線上を裁つ。反対側も同様に縫ってまちを作る。

はぎ目をぴったり合わせる方法

表布のはぎ目がずれてしまうと、見栄えがイマイチ。本縫いの前にはぎ目の近くを仮どめしておくことで、ずれが防げます。ご紹介する3通りをぜひお試しを。

●ミシンで仮どめ

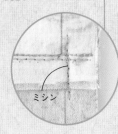

はぎ目の上下にまち針を打ち、縫い代部分をミシンで仮どめ。縫い代の中央よりも、でき上がり線の近くを縫うのがポイント。

●「メルター」で仮どめ

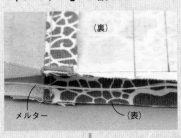

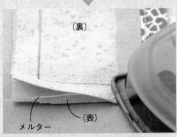

脇のはぎ目の縫い代部分に「メルター」を挟み、アイロンで接着する。布を中表に合わせる際によく確認しながらアイロンを当てるのがコツ。布に接着芯などが貼ってある場合は、アイロンを高温にしないように注意。

「メルター」は合成樹脂でできた、熱で溶けて接着する糸。しつけやまち針の代わりに使える。ミシンにセットして使うこともできる。

●ホチキスで仮どめ

はぎ目を合わせてホチキスでパチンととめるだけの、いちばん簡単で素早い方法。ただし、脇を縫ったらホチキスの針を取り除くのを忘れずに。

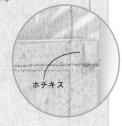

一般的なホチキスでOK。布の厚みによってホチキスが効かない場合は、ほかの方法で。

3 裏袋を作ります

1

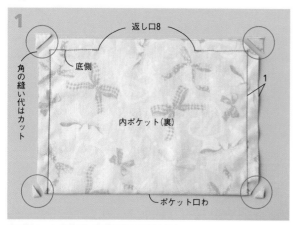

内ポケットを作る。中表に二つ折りにし、返し口を残して3辺を縫う。四隅の縫い代をカットする。

角の縫い方は
p.23へ
GO

2

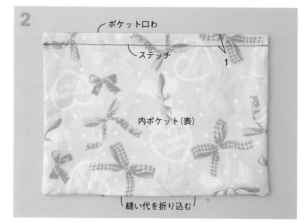

表に返し、ポケット口になる辺（わになっている辺）にステッチをかける。返し口は縫い代を内側に折り込んでおくだけでよい。

角をきれいに
返す方法は
p.55へ
GO

3

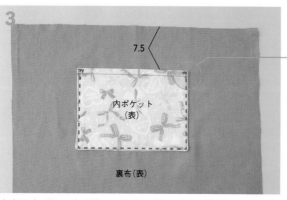
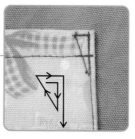
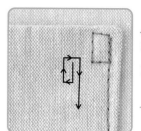

裏布に内ポケットを縫いつける。ポケット口は補強のため、矢印のように縫う。

きれいな
糸始末の方法は
p.72へ
GO

こんな縫い方も！

4

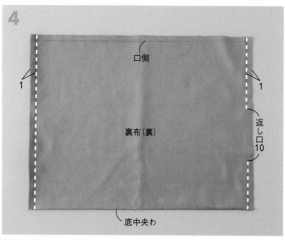

片脇に返し口を残して両脇を縫う。

5

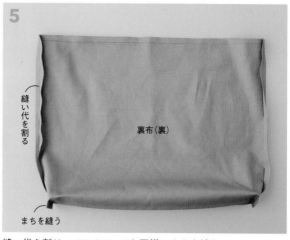

縫い代を割り、p.75 **2**-**7**〜**9**と同様にまちを縫う。

4 まとめます

1

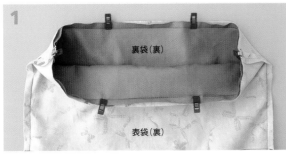

表袋と裏袋を中表に合わせ、口側を仮止めクリップでとめる。

2

表袋と裏袋の縫い方は
p.111 へ
GO

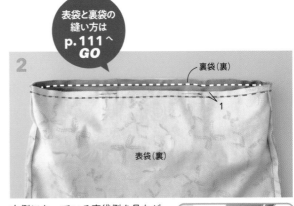

内側になっている裏袋側を見ながら、口側を縫う。

内側を上にすると
縫いやすい

3

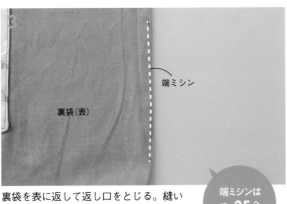

端ミシン

裏袋（表）

裏袋を表に返して返し口をとじる。縫い代を折り込み、端ミシンをかける。

端ミシンは
p.25 へ
GO

4

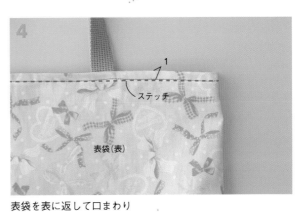

1

ステッチ

表袋（表）

表袋を表に返して口まわりにステッチをかける。

持ち手をかわいく丈夫に縫いつけるテクニック

表袋の外側に直接持ち手を縫いつけるときなどは、丈夫さとアクセントを兼ねてこんな縫い方をしてみても。

5

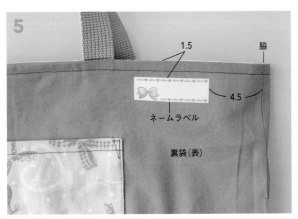

1.5

脇

4.5

ネームラベル

裏袋（表）

ネームラベルは、防犯上、裏袋側に貼るとよい。ラベルの両端を、裏袋のみをすくいながら手縫いで縫いとめておく。

縫いとめる

完成！

作ってみよう！

2つの仕立て方で作る

3ポケットの
丸底トートバッグ

縫い合わせるときに
パーツ同士の寸法が合わなかったり、
ラインがきれいに出にくかったりと、
悩みの多い丸底のトートバッグ。
厚地と薄地それぞれの素材に合った
2つの作り方を解説します。

返し縫い	カーブを縫う	端ミシン	帆布
持ち手を仮どめ	カーブの底と輪の側面を縫う	パイピング	

どちらも前面には大きなポケットをつけ、柄布で華やかに。後ろ面と底はシンプルに無地で統一。

できあがりサイズ：各約底直径21×高さ22cm

裏布のつけ方が違います

厚地の場合
厚地のほうは、薄地のバッグと同じ作りだと縫い代部分に厚みが出てしまう。そのため、表袋、裏袋を別々に仕立てて厚みを軽減し、口まわりを縫い合わせる。

薄地の場合
薄地のほうは底をしっかりさせるため、側面と底の表布・裏布をそれぞれ縫ってから全てを合わせる。縫い代はパイピングで始末をする。

材料

【薄地】前側面表布a用リネン50×25cm、前側面表布b・後ろ側面表布・持ち手・底表布用リネン75×50cm、外ポケット表布用綿麻布50×25cm、裏布110cm幅×55cm、1.1cm幅縁どりバイアステープ70cm。

【厚地】前側面表布a用11号帆布50×25cm、前側面表布b・後ろ側面表布・持ち手・底表布用11号帆布75×50cm、外ポケット表布用綿麻布50×25cm、裏布110cm幅×55cm。

実物大型紙あり

使用する押え

基本の押え
（J押え）

薄地・厚地共通

1　各パーツをカットします　持ち手は表示の寸法に縫い代をつけて2枚、そのほかは実物大型紙を参照し、縫い代をつけてそれぞれカットする。

※薄地も厚地も作り方はp.80まで共通です

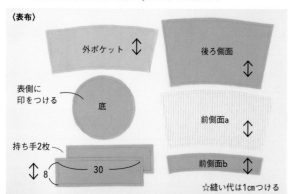

〈表布〉
外ポケット　後ろ側面　表側に印をつける　底　前側面a　持ち手2枚　30　8　前側面b　☆縫い代は1cmつける

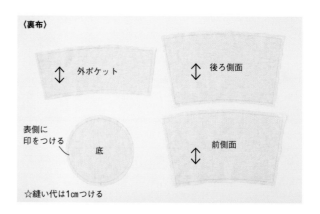

〈裏布〉
外ポケット　後ろ側面　表側に印をつける　底　前側面　☆縫い代は1cmつける

2 持ち手を作ります

1

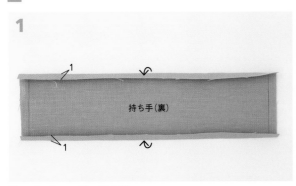

持ち手の長辺の縫い代を折る。

2

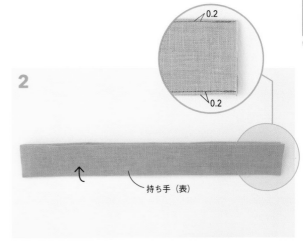

外表に二つ折りにして、長辺に端ミシンをかける。これを2本作る。

端ミシンは
p.25へ
GO

3 側面表布を作ります

1

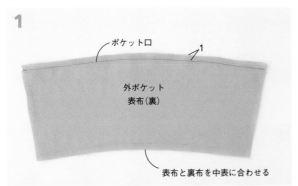

外ポケットの表布と裏布を中表に合わせてポケット口を縫い、表に返す。裏布は少し控えて折るときれい。

POINT

表に返すときは
針や目打ちを使って
表に返したら、太めの針か目打ちで、はぎ目に落ち込んだ布を引き出すようにして整え、アイロンをかけるとよい。

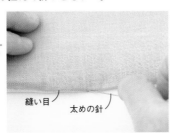

2

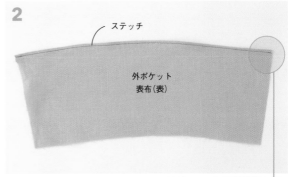

ポケット口にステッチ
をかける。

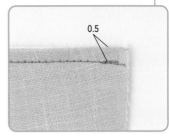

3

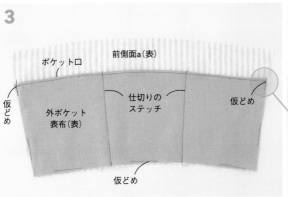

外ポケットを前側面aに重ねて仕切りのステッチをかけ、周囲を所々仮どめする。

4

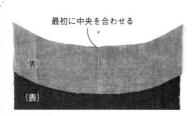

前側面a(表)
前側面b(裏)

→

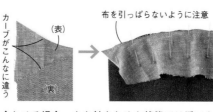

前側面a(表)
前側面b(裏)

3に前側面bを中表に合わせる。カーブの向きが異なるので(写真左)、中央、両端の角、その間の順で細かくまち針をとめていく(写真右)。カーブに無理に沿わせようとせず、少し浮いた状態になる感じでOK。

少し浮いた状態でOK

最初に中央を合わせる

(裏)
(表)

カーブがこんなに違う

(表)
(裏)

→

布を引っぱらないように注意

POINT カーブの向きが異なるパーツを合わせる場合、まち針をとめた状態では浮いたり、ひだが寄ったりするが、それでOK。無理に布をカーブに沿わせてしまうと、表に返したときに縫い目がたわむこともあるので注意。

カーブの縫い方はp.24へGO

5

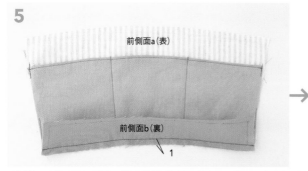

前側面a(表)
前側面b(裏)
1

→

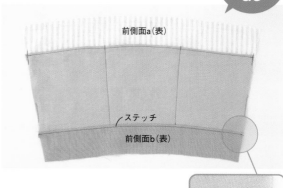

前側面a(表)
ステッチ
前側面b(表)

0.5

4を縫い、表に返して縫い代を前側面b側に倒し、ステッチをかける。

仮どめの方法はp.113へGO

6

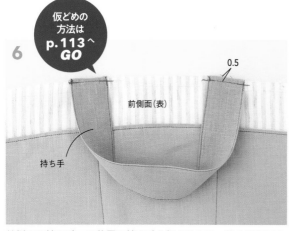

0.5
前側面(表)
持ち手

前側面の持ち手つけ位置に持ち手を仮どめする。後ろ側面にも同様に持ち手を仮どめする。

7

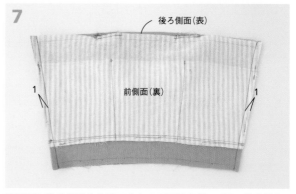

後ろ側面(表)
前側面(裏)
1
1

前側面と後ろ側面を中表に合わせて両脇を縫い、縫い代を割る。

薄地で作る場合は次ページ～に、厚地で作る場合は p.83 ～に進んでください。

薄地で作る場合

側面と底それぞれの表布・裏布を縫ってから合わせ、縫い代をパイピングで始末する。

4 側面裏布と底を作り、まとめます

1

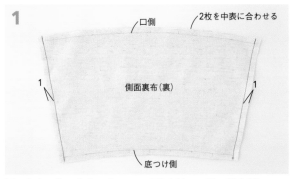

口側
2枚を中表に合わせる
側面裏布（裏）
1
1
底つけ側

側面裏布2枚を中表に合わせて両脇を縫い、縫い代を割る。

2

側面表布（裏）
側面裏布（裏）

3で作った側面表布と1を中表に合わせ、口側を両脇、中央、その間の順にまち針でとめる。

3

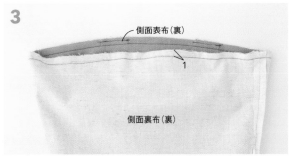

側面表布（裏）
1
側面裏布（裏）

口側をぐるりと縫う。口まわりはなだらかな長いカーブをしていて伸びやすいため、手はそっと添える程度に。

POINT
表布を見ながら縫います

ぐるりと縫う場合は、表布を中に入れ込むようにして裏布と合わせ、表布を見ながら縫うと布送りがしやすい。

手は添えるだけ！

表袋と裏袋の縫い方はp.111へ **GO**

4

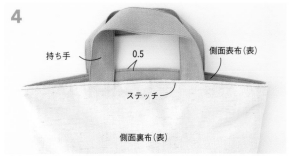

持ち手
0.5
側面表布（表）
ステッチ
側面裏布（表）

表に返し、表布を見ながら口まわりにステッチをかける。縫い代を整える際は、3-1の **POINT** を参照する。裏布は少し控えて折るときれい。

5

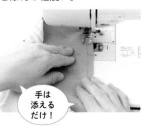

側面裏布（表）

底布と合わせやすくするため、側面裏布の表側にでき上がり線を書いておく。

POINT
裏布の表側にでき上がり線を書きます

6

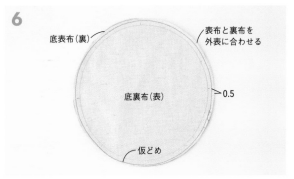

底表布（裏）
表布と裏布を外表に合わせる
底裏布（表）
0.5
仮どめ

底表布と裏布を外表に合わせ、周囲を仮どめする。

7

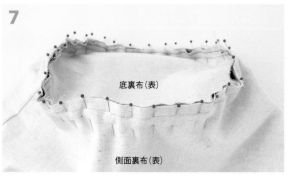

底裏布（表）

側面裏布（表）

底裏布と側面裏布を外表に合わせ、側面側からまち針でとめる。まち針は、中央、脇、合い印、その間の順で細かくとめていく。リネンなどのなじみやすい布であれば、縫い代に切り込みは入れなくてよい。

8

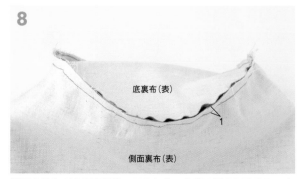

底裏布（表）

側面裏布（表）

1

側面を見ながら底を縫う。このとき、右手は引き気味にし、左手の指で側面のしわを伸ばしながら縫い進める。

カーブの底と
輪の側面を縫う
方法は
p.67へ
GO

POINT
まち針は
側面側から

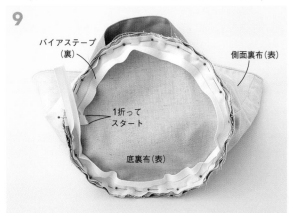

底裏布（表）

側面裏布
（表）

脇

POINT
側面を
見ながら
縫います

側面裏布（表）

・まち針はでき上がり線に平行にとめてもOK・

9

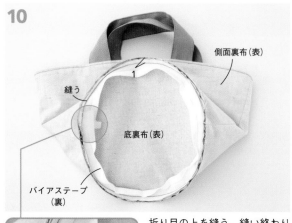

バイアステープ
（裏）

側面裏布（表）

1折って
スタート

底裏布（表）

8の縫い代をバイアステープで始末する。まずバイアステープの折り目を開き、底裏布と中表に合わせてまち針でとめる。まち針はでき上がり線に平行にとめるとずれにくい。

10

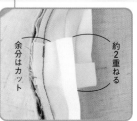

側面裏布（表）

縫う

1

底裏布（表）

バイアステープ
（裏）

折り目の上を縫う。縫い終わりは、縫い始めに2cmほど重ねて縫い、余分はカットする。

余分はカット

約2cm重ねる

POINT
まち針をとめるときは、手前から奥に向かって。こうするとミシンをかけながら針を抜きやすい。

11

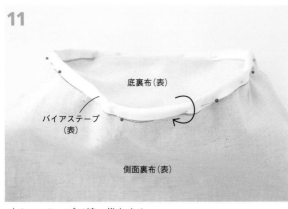

底裏布(表)

バイアステープ(表)

側面裏布(表)

バイアステープで縫い代をくるみ、まち針でとめる。

パイピングの方法は
p.56へ
GO

12

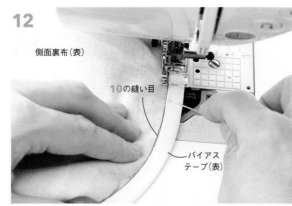

側面裏布(表)

10の縫い目

バイアステープ(表)

バイアステープを側面側から縫いとめる。10の縫い目が隠れるように目打ちで整えながら縫う。

完成!

厚地で作る場合

表袋、裏袋を別々に仕立てて、最後に口まわりを縫い合わせる。

4 表袋を作ります

1

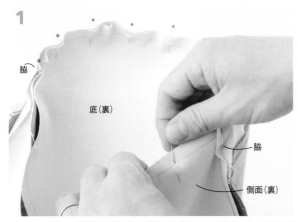

脇

底(裏)

脇

側面(裏)

p.80-3で作った側面表布と、底表布を中表に合わせ、側面側からまち針でとめる。まち針は、両脇、中央、合い印、その間の順で細かくとめていく。

POINT まち針でとめながら切り込みを入れる

布が厚手で側面がなじみにくい場合は、側面の縫い代に切り込みを入れる。最初に側面全てに切り込みを入れると、布が伸びてしまう場合があるので、とめながら入れるとよい。

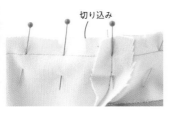

切り込み

2

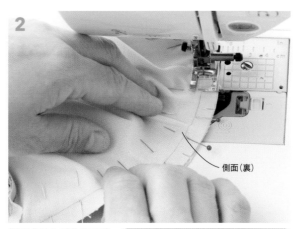

側面(裏)

側面を見ながら底を縫う。このとき、右手は引き気味にし、左手の指で側面のしわを伸ばしながら縫い進める。

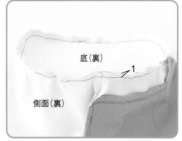

底(裏)

1

側面(裏)

5 裏袋を作ります

1

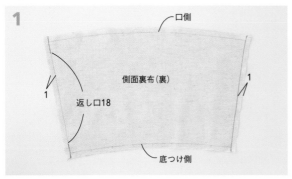

口側

側面裏布(裏)

返し口18

1

1

底つけ側

側面裏布2枚を中表に合わせ、返し口を残して両脇を縫う。

2

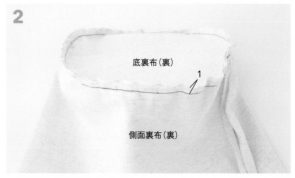

底裏布(裏)

1

側面裏布(裏)

4を参照して底裏布と側面裏布を縫い合わせる。側面の切り込みは、布の厚みによって入れる。

6 まとめます

1

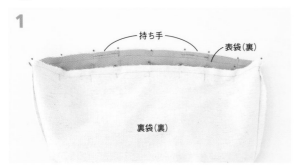

持ち手

表袋(裏)

裏袋(裏)

表袋と裏袋を中表に合わせ、口側をまち針でとめる。このとき、中央、脇、合い印、その間と、持ち手の両脇もとめておくと縫うときにずれることなく仕上がりもきれい。

2

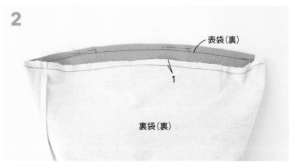

表袋(裏)

1

裏袋(裏)

口側を縫い、返し口から表に返す。縫い代を整える際は、p.79 3-1の [POINT] を参照する。口側の裏布を少し控えて折るときれい。

表袋と裏袋の縫い方は **p.111へ** *GO*

3

表袋(表)

0.5

持ち手

ステッチ

裏袋(表)

返し口をとじ、表袋を見ながら口まわりにステッチをかける。

[POINT] 底のエッジが出づらいときは…

底

側面

厚地のバッグは底のエッジが出づらく、丸いのでアイロンも当てにくい。そんなときは指アイロンが便利。右手の人さし指で内側からはぎ目を押し上げるようにし、左手で底と側面のはぎ目をつまむようにしてエッジを出す。

完成!

でき上がりサイズ：約縦11.5×横17.5cm

L字形のファスナーは中身がよく見えて便利。薄型なのでスマートに持てる。

作ってみよう!
L字形&くりぬき
ファスナーポーチ

返し縫い
ファスナー
カーブを縫う

基本のファスナーポーチをマスターしたら、
次に挑戦したいのが、ファスナーをカーブさせて
縫いつけるテクニック。くりぬきファスナーは、
見栄えがいいうえに意外と簡単に縫えるのでおすすめです。

材料
表布・端布50×15cm、ポケット25cm四方、裏布45×15cm、接着芯40×15cm、12cmファスナー1本、23cmファスナー1本。

実物大型紙あり

使用する押え
基本の押え
（J押え）
片押え

1 各パーツをカットします

端布は表示の寸法で1枚、そのほかは実物大型紙を参照し、指定の縫い代をつけてそれぞれカットする。表布の裏には、裁ち切り（縫い代なし）で接着芯を貼る。表布は表と同寸で前面、後ろ面各1枚裁つ。

23cmファスナーの上止め側の耳のみ、ファスナー端を裏側に折って縫いとめておく。

ファスナー端の始末はp.50へ GO

23cmファスナー
口側
前面表布
1枚
端布 1枚（裁ち切り）
6
2.5
12cmファスナー
ポケット 1枚
（裁ち切り）
口側
後ろ面表布
1枚

☆縫い代は指定以外1cmつける

2 前面表布を作ります

1

前面表布（表）
ポケットつけ位置
ファスナーつけ位置
ポケット（裏）

ポケットつけ位置
ファスナーつけ位置
切り込みの印

前面表布のポケットつけ位置にポケットを中表に合わせ、ファスナーつけ位置を縫う。切り込みの印をつける。

2

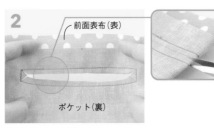

前面表布（表）

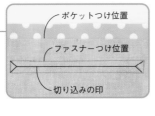

ポケット（裏）

印の通りに切り込みを入れる。半分に折ると切り込みが入れやすい。

3

 →

切り込み部分にポケットを入れて表に返し、アイロンで形を整える。

4

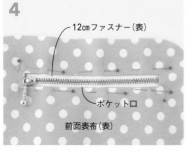

ポケット口に裏側からファスナーを合わせてまち針でとめる。

5

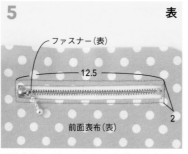 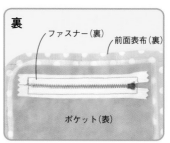

周囲を縫ってファスナーを縫いとめる。

6

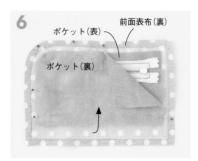

ポケットを中表に二つ折りにし、表布をよけてポケットの周囲のみをまち針でとめる。

7

表布をよけながらポケットの周囲のみを縫い合わせる。

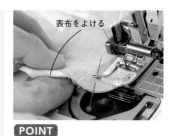

POINT

表布をよけて
ポケットだけを縫います

3 ファスナーをL字に挟んで縫います

1

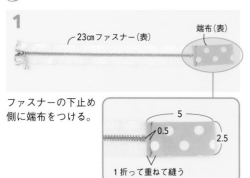

ファスナーの下止め側に端布をつける。

2

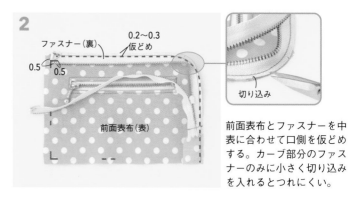

前面表布とファスナーを中表に合わせて口側を仮どめする。カーブ部分のファスナーのみに小さく切り込みを入れるとつれにくい。

3

前面表布（裏）
1
前面裏布
（表）

→

ファスナー（表）
口側
表布（表）

前面表布・裏布を中表に合わせて縫い、表に返して形を整える。

4

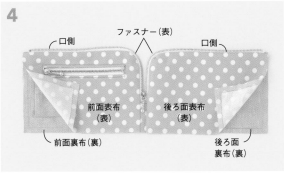

口側
ファスナー（表）
口側
前面表布
（表）
後ろ面表布
（表）
前面裏布（裏）
後ろ面
裏布（裏）

ファスナーの反対側に、**2**・**3**と同様にして後ろ面表布・裏布をつける。

5

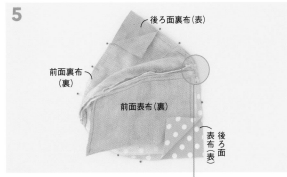

後ろ面裏布（表）
前面裏布
（裏）
前面表布（裏）
表布（表）
後ろ面

表布同士、裏布同士をそれぞれ中表に合わせてまち針でとめ、ファスナーが重なる部分にしつけをかける。

POINT

ずれないように
しつけ

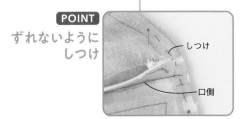

しつけ
口側

6

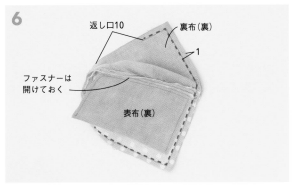

返し口10
裏布（裏）
1
ファスナーは
開けておく
表布（裏）

裏布に返し口を残して脇と底側を縫う。

7

表に返して返し形を整え、口をとじる。

でき上がりサイズ：約縦11×横18cm、
まち幅約4cm
作り方はp.123

ファスナー端を出すことで、デザインだけでなく、開閉の際にスライダーを動かしやすくなって便利。

作ってみよう!

別まち付きポーチ

ファスナー端を外に出すおしゃれなデザインも、
難しいテクニックはいりません。
さらに、まちをつければ使い勝手もアップ。
裏袋は最後にまつりつけるので、
ファスナーをつける際の仮どめは不要です。

| 返し縫い |
| ファスナー |
| カーブを縫う |
| 糸始末 |

材料
側面表布・端布45×20cm、まち表布・側面裏布・まち裏布40cm四方、接着キルト芯30×40cm、20cmファスナー1本。

実物大型紙あり

使用する押え

基本の押え
（J押え）

片押え

1 各パーツをカットします

端布は表示の寸法で2枚、そのほかは実物大型紙を参照し、縫い代0.7cmをつけてそれぞれカットする。表布の裏には、裁ち切り（縫い代なし）で接着キルト芯を貼る。裏布は表布と同寸で側面2枚、まち1枚裁つ。

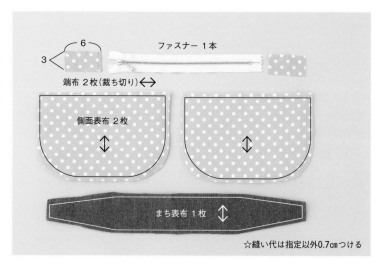

3 6
ファスナー 1本
端布 2枚（裁ち切り）↔
側面表布 2枚
まち表布 1枚
☆縫い代は指定以外0.7cmつける

2 側面表布にファスナーをつけます

1
ファスナー（裏）　口側
印まで縫う
側面表布（表）

側面表布とファスナーを中表にして中央を合わせ、印から印までを縫う。

ファスナーの
縫い方は
**p.48へ
GO**

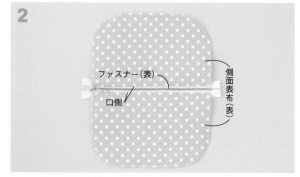

2
ファスナー（表）
口側
側面表布（表）

ファスナーの反対側にもう1枚の側面表布を同様に縫う。

このあとは**p.123**を参照して表袋を作ります

3 ファスナーに端布をつけます

1

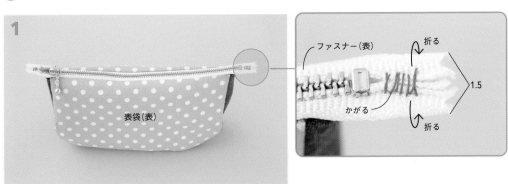

ファスナー(表)
折る
かがる
折る
1.5
表袋(表)

ファスナー下止めの端を、幅1.5cmになるように裏に折り、かがっておく。

2

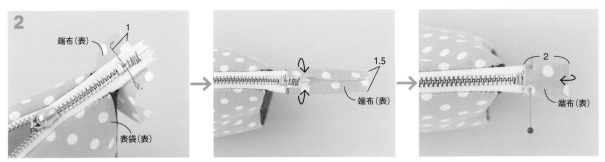

端布(表)
1
表袋(表)
1.5
端布(表)
2
端布(表)

ファスナー下止めの裏に端布を合わせて縫い、写真のように折りたたんでまち針でとめる(**p.123**にも解説あり)。

3

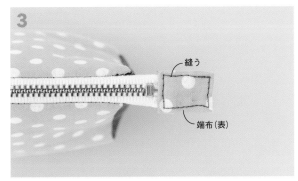

縫う
端布(表)

端布の周囲を縫う。1周ぐるりと縫うので返し縫いではなく、最初の縫い目に2～3針重ねて縫えばよい。

きれいな
糸始末の
方法は
p.72へ
GO

4

端布(表)
端布(表)
表袋(表)

ファスナー上止め側の端布も**1**～**3**と同様にして縫う。**p.123**を参照して裏袋を作り、表袋と外表に合わせて、ファスナーにまつりつける。

裏袋の
作り方は
p.123へ
GO

作ってみよう!

筒形ファスナーポーチ

表布でファスナーのムシを隠すようにつける
上級テク。といっても、縫い代を多めにして
折り方を変えているだけなので簡単です。
まちが小さいので手縫いでつけていますが、
ミシンで縫っても OK。
p.67 の「カーブの底と輪の側面を縫う」を
参考にしてください。

| 返し縫い |
| ファスナー |
| カーブの底と輪の側面を縫う |

材料
側面表布20×30cm、まち表布25×15cm、
接着キルト芯30cm四方、裏布30cm四方、
12cmファスナー1本。
実物大型紙あり

使用する押え
基本の押え（J押え）

片押え

でき上がりサイズ：約縦7.5×横12.5cm、
まち幅約7.5cm

ファスナーが隠れると
ぐっと上品な雰囲気。

1 各パーツをカットします

側面は表示の寸法に縫い代（口側1.5cm、それ以外0.7cm）をつけ、まちは実物大型紙を参照し、縫い代0.7cmをつけてそれぞれカットする。表布の裏には、裁ち切り（縫い代なし）で接着キルト芯を貼る。裏布は表布と同寸で側面1枚（口側の縫い代は0.7cmにする）、まち2枚裁つ。ファスナーはp.50を参照して端を折り、縫いとめておく。

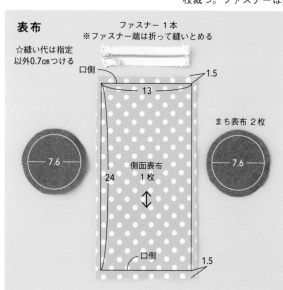

表布

☆縫い代は指定
以外0.7cmつける

ファスナー 1本
※ファスナー端は折って縫いとめる

口側 ———— 1.5
13
側面表布 1枚
24
口側 ———— 1.5

まち表布 2枚
7.6
7.6

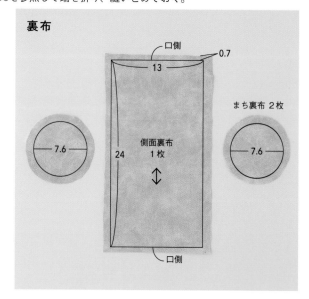

裏布

口側 ———— 0.7
13
側面裏布 1枚
24
口側

まち裏布 2枚
7.6
7.6

2 表袋を作ります

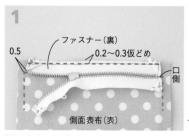

1
ファスナー（裏）
0.5
0.2〜0.3仮どめ
口側
側面表布（表）

側面表布の口側とファスナーのムシ中央
を中表に合わせて仮どめする。

ファスナーの縫い方は
p.48へ GO

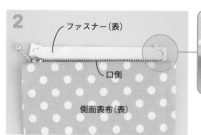

2
ファスナー（表）
口側
側面表布（表）

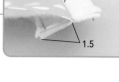
ムシ
1.5

ファスナーを表に返し、表布を口側で折
り、アイロンで押さえる。

3

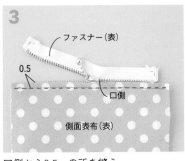

口側から0.5cmの所を縫う。

4

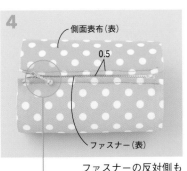

ファスナーの反対側も
1〜3と同様に縫う。

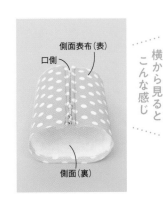

横から見ると
こんな感じ

カーブがきついけれど
ミシンで縫ってもOK

カーブの底と
輪の側面を縫う
方法は
**p.67へ
GO**

5

側面とまちを中表に合わせてまち針でとめる。

6

側面を見ながら手縫いで縫う。カーブが急な
ので手縫いのほうが縫いやすい。2枚一緒に
縫い代に切り込みを入れる。

3 裏袋を作り、まとめます

1

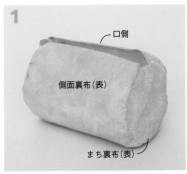

側面の口側の縫い代を内側に折る。側面
裏布とまち裏布を中表に合わせて縫い、
表に返す。

2

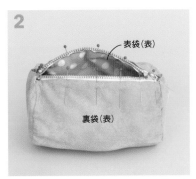

表袋と裏袋を外表に合わせてまち針でと
める。裏袋をファスナーにまつり、表に
返して形を整える。

完成!

作ってみよう!

エプロンワンピース

胸当て付きでスカート丈を長くした、
ギャザーたっぷりのエプロン。
後ろまでカバーされているので、
ワンピースのような趣です。
ギャザーがきれいに寄るよう、
布はあまり厚くないものを選びましょう。

返し縫い	端ミシン	折り伏せ縫い	三つ折り縫い
角を縫う	ギャザー	ボタンホールステッチ	

肩ひもを背中で交差させ、ボタンホールに通し、長さを調節して結ぶ。

腰ひもは前で、肩ひもは後ろで結ぶ。後ろもすっぽりエプロンで覆われ、スカートのような雰囲気。

でき上がりサイズ:フリー
裁ち合わせ図と各パーツの寸法はp.124
実物大型紙あり

材料
スカート・ポケット・胸当て・見返し・肩ひも・腰ひも・ベルト110cm幅×2.1m、接着芯85×25cm。

使用する押え
基本の押え（J押え）

1 p.124を参照して各パーツをカットします

2 肩ひもと腰ひもを作ります

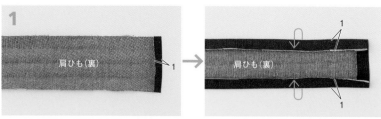

1
肩ひも（裏）　1　→　肩ひも（裏）　1　1

肩ひもの短辺の片側の縫い代を折り、長辺の縫い代を折る。

角の縫い方はp.23へGO

端ミシンはp.25へGO

2
端ミシン
肩ひも（表）　1.5

さらに二つ折りにして端ミシンをかける。

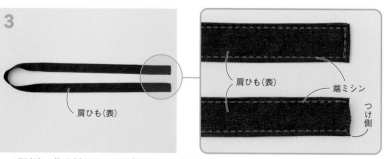

3
肩ひも（表）

肩ひも（表）　端ミシン　つけ側

つけ側（縫い代を折らないほう）は写真のように縫う。

4
肩ひも（表）
腰ひも（表）

残りの肩ひもと、腰ひも2本も同様に縫う。

3 胸当てを作ります

1

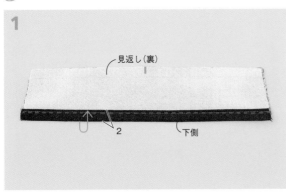

見返し(裏)

2

下側

見返しの下側の縫い代を折って縫う。

2

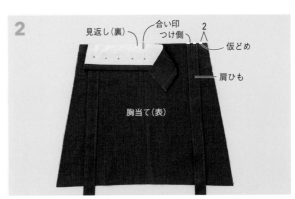

見返し(裏)　合い印　2
つけ側　　仮どめ

肩ひも

胸当て(表)

胸当ての肩ひもつけ位置に、肩ひものつけ側を仮どめする。**1**を中表に重ね、中央の合い印を合わせてまち針でとめる。

3

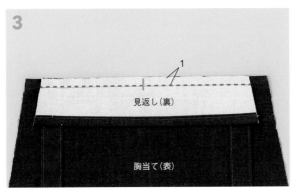

1

見返し(裏)

胸当て(表)

見返しを縫う。

4

胸当て(表)

見返しを表に返し、端ミシンをかける。

肩ひも

端ミシン

胸当て(表)

三つ折り縫いは
p.28へ
GO

5

見返し(表)

1　　1

胸当て(裏)

胸当ての両脇を1cm→1cmの三つ折りにして縫う。

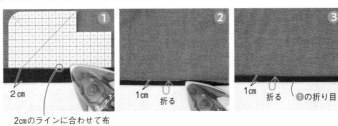

1　　　　2　　　　3

2cm　　　1cm 折る　　1cm 折る　①の折り目

2cmのラインに合わせて布を折り、アイロンをかける

❶1cm→1cmの三つ折りにするには、最初に2cmの位置で折り、アイロンで折り目をつける(→**p.34**「アイロン定規」が便利)。❷折り目を広げ、その折り目に布端を合わせるように折る。❸❶の折り目でもう一度折る。

4 スカートをつないでポケットをつけます

1

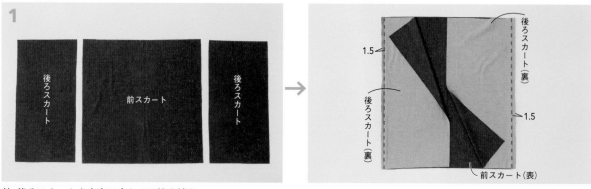

前・後ろスカートを中表に合わせて脇を縫う。

2

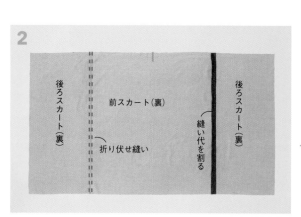

縫い代を割り、右の写真を参照して折り伏せ縫いをする。

折り伏せ縫いは **p.29 へ** **GO**

折り伏せ縫い

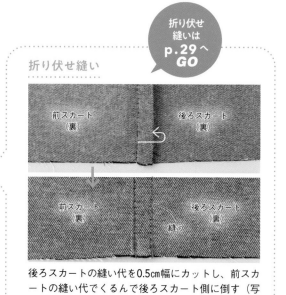

後ろスカートの縫い代を0.5cm幅にカットし、前スカートの縫い代でくるんで後ろスカート側に倒す（写真上）。折り山のきわに端ミシンをかける（写真下）。

3

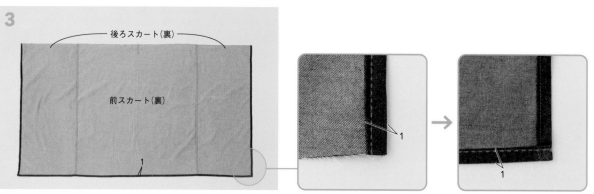

後ろスカートの両端を1cm→1cmの三つ折りにして縫い（p.93参照）、次に裾を同様に三つ折りにして縫う。

4

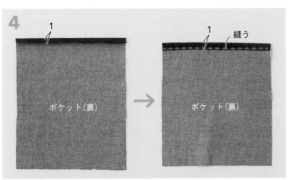

ポケット口を1cm→1cmの三つ折りにして縫う。2枚作る。

5

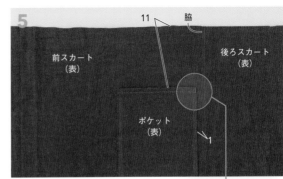

ポケットの3辺の縫い代を折り、
前スカートの両脇に縫いつける。

両面テープで仮どめし
ておくと縫いやすい。

5 ギャザーを寄せてまとめます

1

粗ミシンは縫い目の長さ
を5mmに設定し、上糸の
糸調子を強くする。

ギャザーの
寄せ方は
p.43へ
GO

ウエストの縫い代に粗ミシンを2本かける。縫い始めと縫い終
わりの返し縫いはせず、上糸、下糸を長く残す。2本の上糸を
引いて均等にギャザーを寄せ、78cmに縮めて糸を結ぶ。

2

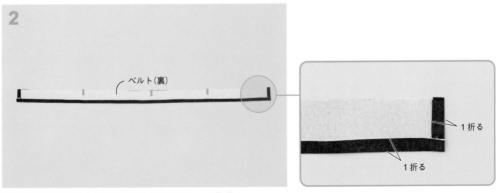

写真のようにベルトの3辺の縫い代を折る。2枚作る。

3

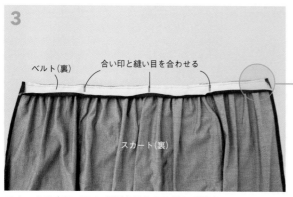

ベルト(裏)　合い印と縫い目を合わせる

スカート(裏)

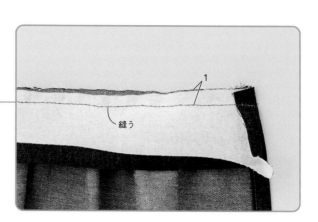

縫う　1

スカートの裏にベルトを写真のように重ねて縫う。

4

ベルト(裏)　合い印と縫い目を合わせる

スカート(表)

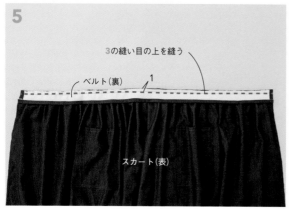

もう1枚のベルトをスカートの表側に中表に重ね、まち針でとめる。

5

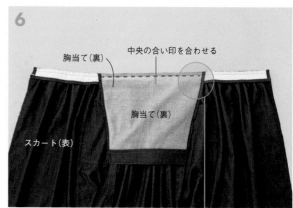

3の縫い目の上を縫う

ベルト(裏)　1

スカート(表)

3の縫い目の上に重ねるように縫う。

6

胸当て(裏)　中央の合い印を合わせる

胸当て(裏)

スカート(表)

胸当てを、スカートと中表に合わせ、5の縫い目の上に重ねるように縫う。

1

7

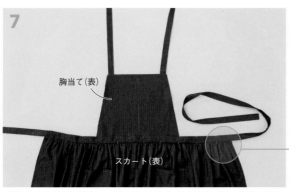

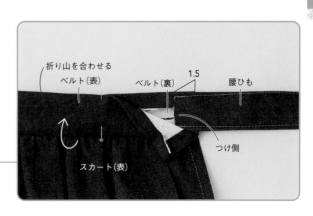

胸当て(表)

スカート(表)

折り山を合わせる
ベルト(表)　ベルト(裏)　1.5　腰ひも

スカート(表)

つけ側

ベルト2枚を表に返し、腰ひもを挟んでまち針でとめる。2枚のベルトの折り山を合わせるのがコツ。

8

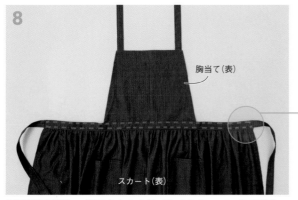

胸当て(表)

スカート(表)

縫う

ベルト(表)

反対側も同様に、腰ひもをまち針でとめたら、ベルトを縫う。

9

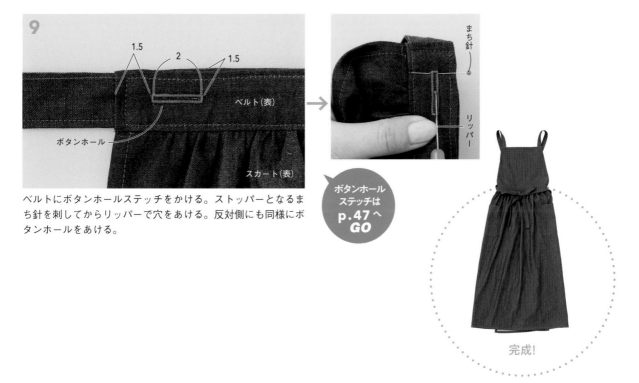

1.5　　2　　1.5

ベルト(表)

ボタンホール

スカート(表)

まち針

リッパー

ベルトにボタンホールステッチをかける。ストッパーとなるまち針を刺してからリッパーで穴をあける。反対側にも同様にボタンホールをあける。

ボタンホール
ステッチは
p.47へ
GO

完成!

でき上がりサイズ　約縦16.5×横21cm

ファスナーを2つつけて区分けできるようにした、便利なフラットポーチ。

作ってみよう!

ラミネートポーチ

はっ水性のあるラミネートで作るポーチは、
メイク用品やお風呂まわりの道具を入れるのにぴったり。
ラミネートは、まち針代わりに仮止めクリップを使用し、
進みが悪ければ、トレーシングペーパーを重ねるか、
「スムースフット（テフロン押え）」に替えて縫いましょう。

返し縫い	ラミネート	ファスナー

材料
本体・タブ用ラミネート地60×20cm、ポケット用
ラミネート地25×20cm、20cmファスナー2本、タグ。

使用する押え

基本の押え
（J押え）
または
スムースフット

片押え

1　各パーツをカットします

表示の寸法通りに、全て裁ち切りで布を裁つ。

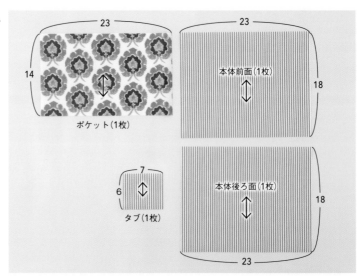

ポケット(1枚) 23 / 14

本体前面(1枚) 23 / 18

タブ(1枚) 7 / 6

本体後ろ面(1枚) 23 / 18 / 23

2　タブを作ります

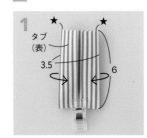

1 タブ（表）
★　★
3.5　6

両脇を内側に折る。

ラミネートの縫い方はp.38へGO

2 トレーシングペーパー
★
0.1

さらに外表に二つ折りにし、「スムースフット」に替えるか、トレーシングペーパーで挟んで縫う。

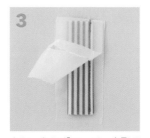

3

トレーシングペーパーを取り除く。ペーパーの上手なはずし方はp.42参照。

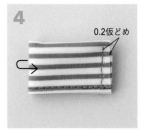

4 0.2仮どめ

写真のように二つ折りにし、仮どめしておく。

3 ポケットを作ります

1

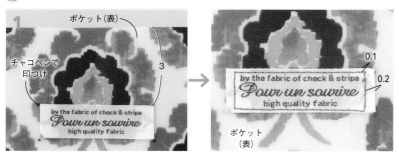

ポケット（表）

チャコペンで印つけ

3

by the fabric of check & stripe
Pour un souvire
high quality fabric

→

0.1

0.2

ポケット（表）

ポケット中央の上端から3cmの位置にタグを重ね、周囲を縫う。ラミネートの印つけは、自然に消えるチャコペンで書くのがおすすめ。

2

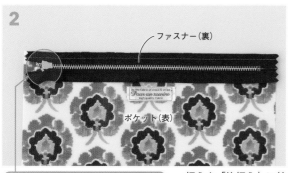

ファスナー（裏）

ポケット（表）

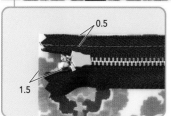

0.5

1.5

押えを「片押え」に替え、ポケットとファスナーを中表に合わせて縫う。

ファスナーの縫い方は
p.48へ
GO

3

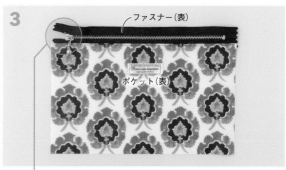

ファスナー（表）

ポケット（表）

0.1

ステッチ

ファスナーを表に返し、折り山にステッチをかける。

4 本体を作り、まとめます

1

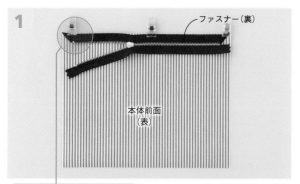

ファスナー（裏）

本体前面（表）

1.5

ファスナーの両端を三角に折り、仮止めクリップで本体前面にとめる。

ファスナー端は簡単に折るだけでもOK。

2

ファスナー（裏）

本体前面（表）

0.5

ファスナーを縫う。

3

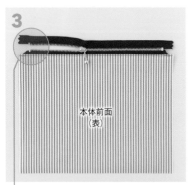

ファスナーを表に返し、折り山にステッチをかける。

ミシンが進みにくければトレーシングペーパーを重ねて縫う。

4

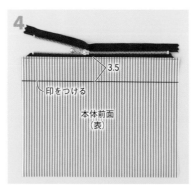

3.5

印をつける

本体前面（表）

本体前面の折り山から3.5cmの位置に印をつける。

5

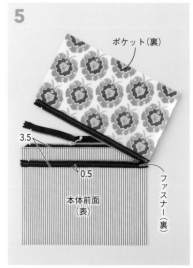

ポケット（裏）

3.5

0.5

本体前面（表）

ファスナー（裏）

ポケットのファスナー端を4の印に合わせ、本体前面とファスナーを中表に縫う。

6

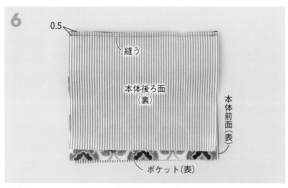

0.5

縫う

本体後ろ面（裏）

本体前面（表）

ポケット（表）

本体前面のファスナーと本体後ろ面を中表に合わせて縫う（ファスナーの両端は1と同様に折る）。

7

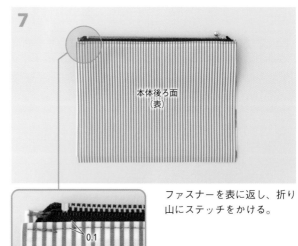

本体後ろ面（表）

0.1

ファスナーを表に返し、折り山にステッチをかける。

8

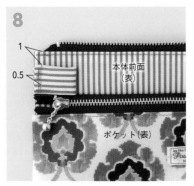

1

0.5

本体前面（表）

ポケット（表）

本体前面の左脇にタブを仮どめする。

9

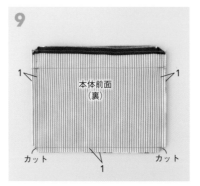

1

本体前面（裏）

1

カット

1

カット

本体のファスナーを開け、本体前面・後ろ面を中表に合わせ、脇と底を縫う。底の角の縫い代を斜めにカットし、表に返して形を整える。

完成!

でき上がりサイズ:
約縦40×横30cm、まち幅約11cm
各パーツの寸法はp.125
実物大型紙あり

荷物が重くても負担が
軽くなるよう、肩ひも
と背中側の後ろ面に接
着キルト芯を貼ってク
ッション性を出した。

背中側のPC用ポケッ
トにはキルティング地
を使用。まち付きポケ
ットは厚みのあるマウ
スも入る。

作ってみよう!

トップファスナー リュック

この本でご紹介したさまざまなテクニックが
ちりばめられた、ビッグサイズのリュック。
プロセスがやや多めですが、
そのぶん完成度も高く、ミシンソーイングの
醍醐味が存分に味わえるはず!

| 返し縫い | 端ミシン | 段差のある場所を縫う |
| 持ち手を仮どめ | パイピング | ファスナー | 帆布 |

材料
前側面表布・後ろ側面b・口布・底表布・肩ひも・持ち手・
外ポケット表布・端布・ループ布110cm幅×80、後ろ側
面a・フラップ35×65cm、後ろ内ポケット表布用キルティ
ング地35cm四方、裏布・前内ポケット・ファスナーポケ
ット110cm幅×90、接着キルト芯90×45cm、2.5cm幅
テープ90cm、2cm幅両折りバイアステープ1.3m、1cm幅
リボン85cm、38cmファスナー1本、20cmファスナー1本、
2.5cm幅送りカン2個、1.4cm径マグネットホック(縫いつ
けタイプ)1組。

使用する押え
**基本の押え
(J押え)**

片押え

1 p.125を参照して各パーツをカットします

2 各パーツを作ります

(**外ポケット**)

1
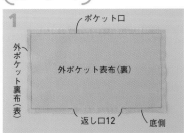

ポケット口
外ポケット表布(裏)
外ポケット裏布(表)
返し口12
底側

外ポケット表布と裏布を中表に合わせ、
返し口を残して縫う。

2
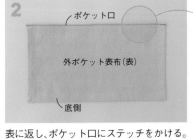

ポケット口
外ポケット表布(表)
底側

0.5

表に返し、ポケット口にステッチをかける。

端ミシンは
**p.25へ
GO**

3
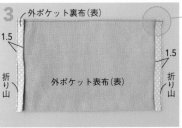

外ポケット裏布(表)
1.5
折り山
外ポケット表布(表)
1.5
折り山

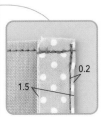
0.2
1.5

写真のように**2**の両端を1.5cm折り、折り
山に端ミシンをかける。

4

外ポケット表布(表)
1.5   1.5

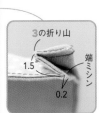
3の折り山
1.5
端ミシン
0.2

さらに写真のように1.5cm折り、折り山
に端ミシンをかける。

（ フラップ ）

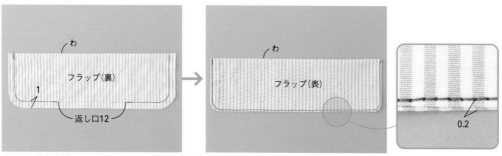

フラップを中表に二つ折りにし、返し口を残して縫う。
表に返して端ミシンをかける。

（ 前内ポケット ）

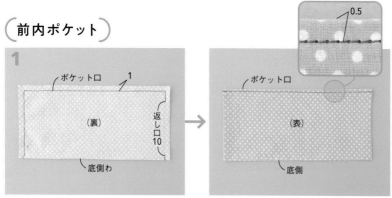

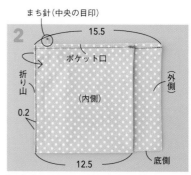

1 中表に二つ折りにし、返し口を残して縫う。表に返し、
ポケット口にステッチをかける。

2 写真のように二つ折りにし、折り山に端
ミシンをかける。

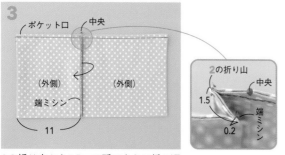

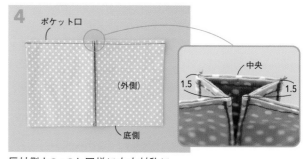

3 2の折り山から1.5cmの所でさらに折り返
し、折り山に端ミシンをかける。

4 反対側も2・3と同様に左右対称に
縫う。

（ ファスナーポケット ）

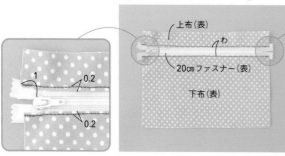

上布と下布をそれぞれ外表に二つ折りに
し、ファスナーに重ねて縫う。

後ろ内ポケット

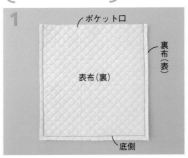

1

ポケット口
裏布（表）
表布（裏）
底側

表布と裏布を中表に合わせ、ポケット口を残して縫い、表に返す。

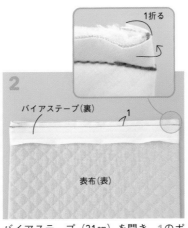

2

1折る
バイアステープ（裏）
1
表布（表）

バイアステープ（31cm）を開き、**1**のポケット口と中表に合わせて縫う（バイアステープの両端は裏布側に1cm折る）。

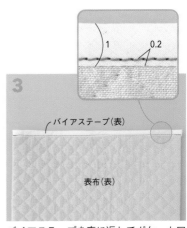

3

1
0.2
バイアステープ（表）
表布（表）

バイアステープを表に返してポケット口をくるみ、表からステッチをかけてパイピングする。

パイピングは
p.56へ
GO

ループ

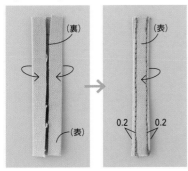

（裏）
（表）
（表）
0.2   0.2

写真のように外表に四つ折りにし、長辺に端ミシンをかける。2本作る。

持ち手

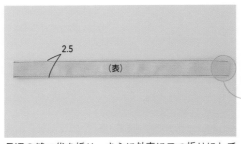

2.5
（表）
0.2
0.2

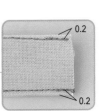

長辺の縫い代を折り、さらに外表に二つ折りにして端ミシンをかける。2本作る。

端ミシンは
p.25へ
GO

肩ひも

1

②
（裏）
②
②
①
①

①、②の順に2辺の縫い代を折る。

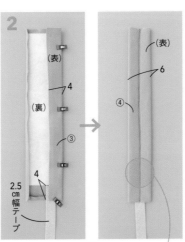

2

（表）
4
（裏）
③
4
2.5
cm幅
テープ

（表）
6
④

0.2

2.5cm幅テープ（45cm）を中央に重ね、③、④の順に長辺を折り、ステッチをかける。左右対称にもう1本作る。

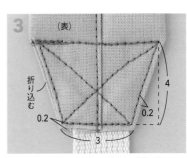

3

（表）
折り込む
4
0.2   0.2
3

テープつけ側の両角を内側に折り込み、写真下の手順でステッチをかける（縫い始めは返し縫いをせずにスタートし、縫い終わりに返し縫いをする）。

スタート位置

きれいな
糸始末の
方法は
p.72へ
GO

3 口布を作ります

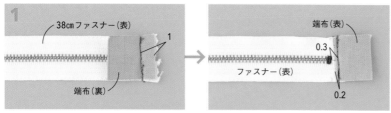

1
38cmファスナー(表)
端布(裏)
1
端布(表)
0.3
ファスナー(表)
0.2

ファスナーの下耳と端布を中表に合わせて縫い、表に返して
ステッチをかける。上耳側も同様に縫う。

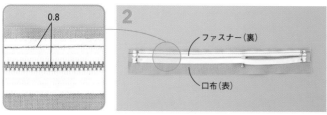

0.8

2
ファスナー(裏)
口布(表)

口布と1を中表に合わせ、長辺を縫う。ファス
ナーの反対側にもう1枚の口布を同様に縫う。

ファスナーの
縫い方は
p.48へ
GO

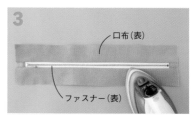

3
口布(表)
ファスナー(表)

表に返して縫い代を口布側に倒し、アイ
ロンで整える。

4 表布を作ります

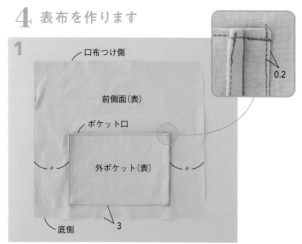

1
口布つけ側
前側面(表)
ポケット口
外ポケット(表)
底側
3
0.2

前側面に外ポケットを重ね、両脇、底の順に縫う。
脇はまちをよけて縫い、底は脇のまちをたたんだ状
態で縫う。

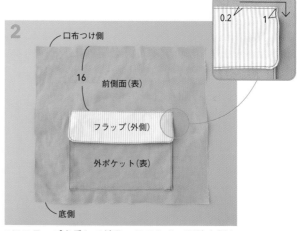

2
口布つけ側
16
前側面(表)
フラップ(外側)
外ポケット(表)
底側
0.2
1

1にフラップを重ねて縫う。このとき、両脇上側も
1cm縫うとポケットを開けた際、フラップがめくれ
上がらず落ち着く。

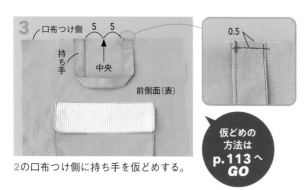

3
口布つけ側
5　5
持ち手
中央
前側面(表)
0.5

2の口布つけ側に持ち手を仮どめする。

仮どめの
方法は
p.113へ
GO

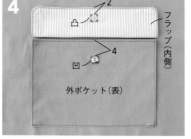

4
2
凸
凹
4
外ポケット(表)
フラップ(内側)

3のフラップと外ポケットにマグネット
ホックを縫いつける。

5

写真のように後ろ側面aにループを仮どめする。

6

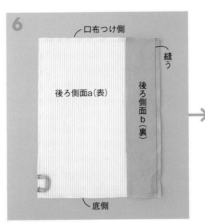

→

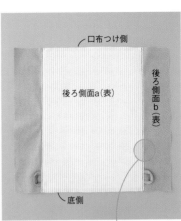

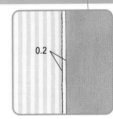

5に後ろ側面bを中表に合わせて縫う。表に返し、縫い代を後ろ側面a側に倒してステッチをかける。反対側も同様に縫う。

7

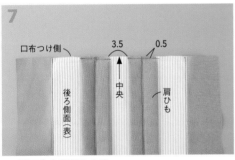

6に肩ひもを仮どめする。

8

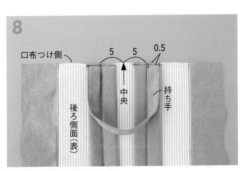

7に持ち手を仮どめする。

9

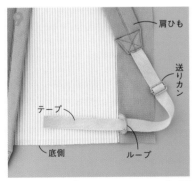

肩ひものテープを送りカン、ループの順に通す。

10

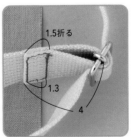

さらに矢印のように送りカンに通し、テープ端を三つ折りにして縫う。もう片方も同様に縫う。

段差のある
場所を
縫うコツは
p.37 へ
GO

5 裏布を作ります

1
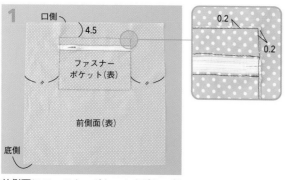

口側
4.5
ファスナーポケット(表)
前側面(表)
底側
0.2
0.2

前側面にファスナーポケットを重ね、仮どめする。

2
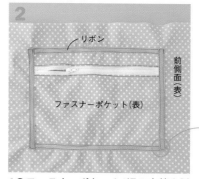

リボン
ファスナーポケット(表)
前側面(表)
1折る

1のファスナーポケット4辺の布端を隠すように、リボン4本を重ねて縫う。このとき、上・下側を先に縫い、次に両脇をリボンの両端を1cm折って縫う。

3

前側面(表)
前内ポケット(表)
0.2
0.2
底側
3

2に前内ポケットを重ね、ポケット中央、脇、底の順に縫う。

4
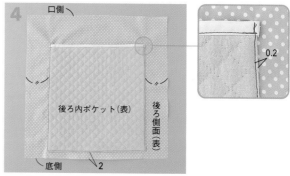

口側
後ろ内ポケット(表)
後ろ側面(表)
底側
2
0.2

後ろ側面に後ろ内ポケットを重ねて縫う。

6 まとめます

1
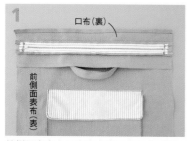

口布(裏)
前側面表布(表)

前側面表布と口布を中表に合わせ、縫う。

2
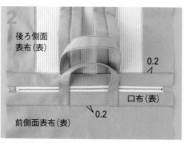

後ろ側面表布(表)
0.2
口布(表)
前側面表布(表)
0.2

後ろ側面表布も1と同様に縫い、表に返して縫い代を側面側に倒し、ステッチをかける。

3
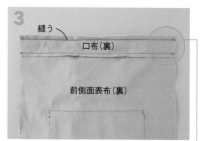

縫う
口布(裏)
前側面表布(裏)
前側面裏布(表)
前側面表布(裏)

前側面表布の口布と前側面裏布を中表に合わせ、3-2の縫い目の位置を縫う。

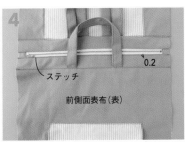

4

ステッチ

0.2

前側面表布（表）

表に返し、ステッチをかける。

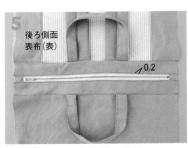

5

後ろ側面
表布（表）

0.2

後ろ側面も**3・4**と同様に縫う。

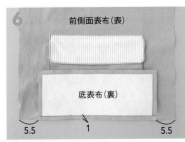

6

前側面表布（表）

底表布（裏）

5.5   1   5.5

前側面表布と底表布を、中表に合わせて
縫う。

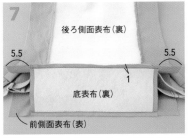

7

後ろ側面表布（裏）

5.5   5.5

底表布（裏）   1

前側面表布（表）

後ろ側面表布と底表布を、中表に合わせ
て縫う。

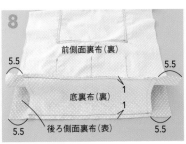

8

前側面裏布（裏）

5.5   1   5.5

底裏布（裏）   1

後ろ側面裏布（裏）

5.5   5.5

側面裏布も**6・7**と同様に底裏布と縫う。

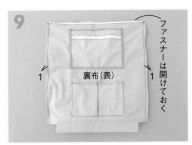

9

裏布（表）

1   1

ファスナーは開けておく

表布と裏布を外表に合わせる。形を整え
て裏布側から両脇を縫う。このときファ
スナーは開けておく。

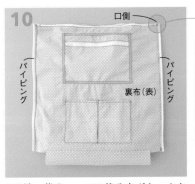

10

口側

パイピング   パイピング

裏布（表）

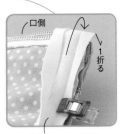

口側

1折る

バイアステープ（裏）

9の縫い代を、**p.103**後ろ内ポケットと
同様にパイピングする。口側のバイアス
テープの端は、後ろ側に1cm折ってくるむ。

パイピングは
p.56へ
GO

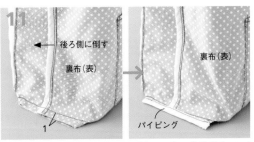

11

後ろ側に倒す

裏布（表）   裏布（表）

1   パイピング

10のパイピングを後ろ側面に倒し、脇と底を合わせて
まちを縫う。まちも、脇と同様にパイピングする（バイ
アステープの両端は1cm折ってくるむ）。表に返して完成。

完成！

107

ミシンソーイングの お悩み解決!

取扱説明書を見てもイマイチわからない、ミシンで上手に縫うコツが知りたい!
そんな、作業途中でみなさんが立ち止まってしまいがちな
素朴な悩みや、あるあるの疑問を、ここで一挙に解決しましょう。

ミシン編

Q 針やボビンは どこのメーカーのものでもいい?

A 針はOK! ボビンは純正品がベター

針は規定があるので、どこのメーカーのものでも大丈夫。家庭用、職業用それぞれのミシンに合った針を用意してください。ボビンは、家庭用ミシンに多い水平釜の場合はプラスチック製。100円均一ショップなどでも販売していますが、高さや重さが違ったりすると縫い目に影響し、不具合を起こす場合もあるので、ミシンに合った純正品が安心です。

Q 「押え圧」って何?

A 縫うときに布を押さえる 「押え」の強さ

「押え圧」とは押えが布地を押さえる強さのことで、薄い布やニット素材などは圧を弱く、厚い布は強くして、送り歯に布を引っかかりやすくします。機種によっては「押え圧」を調節できるので、うまく縫い進まないときはこれを調節することで解決する場合があります。

Q 「送り歯」ってすり減るの?

A 押えを下ろしたときの衝撃や、 まち針をかむことなどで摩耗します

布を押えの奥に動かす「送り歯」(➡ p.11)は、押えを上げ下げするときの衝撃や、まち針を抜かずに縫うことで傷つき、歯がすり減り(摩耗)ます。すり減ってくると送る力が弱くなり、縫い目に影響するので要注意。設定した縫い目の数値通りに縫えない、生地が滑る、または引っかかるような症状が出てきたら、送り歯が摩耗している可能性があるので、専門店に修理に出しましょう。

Q 針が曲がる原因は?

A ミシン針は消耗品。 プツプツ音が出始めたら取り替えどき

縫っていてプツプツと音がしたり、目飛びが起きたりするようになったら、針先がつぶれている可能性大。また、ファスナーのムシやまち針などの硬いものとぶつかったときも、針が曲がったり破損したりするので、交換しましょう。そのまま使ってしまうと布が傷つき、また曲がった針を使い続けることでミシンの不調にもつながりかねません。針は消耗品と考え、ブラウスなら5枚、コートやスーツなら1着を目安に取り替えるのがおすすめです。

Q 糸調子が どっちも強いとどうなるの?

A 糸調子は、強いと布自体が縮み、 弱いと糸がからまりやすくなります

ミシンは、上糸と下糸が互いに引っぱり合っており、ちょうど布の真ん中で交わっている状態が、〝調子がとれている〟よい状態です。水平釜の家庭用ミシンは上糸のみで糸調子をとるので、p.18では上糸が強い(または弱い)状態のみを説明していますが、上糸、下糸ともに糸調子が強い(または弱い)状態もNG。強い糸調子では生地がキュッと縮まってしまい、弱い糸調子では、互いの引っぱる力が弱いので布から縫い目が浮いてしまいます。ちょうどよい糸調子を見つけるためにも、試し縫いが大切です。

どちらも強い

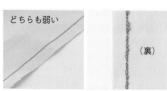

どちらも弱い

(裏)

ともに糸調子が強いと、生地がつれて波を打ったような状態に。

ともに糸調子が弱いと、上糸は一見ふつうに見えても、裏返したら下糸はぐちゃぐちゃ。

ミシン編

Q 「糸こま押え」は絶対必要？
A 糸がからまないように支える役目をします

上糸が抜けないように、糸こまの上にはめるのが「糸こま押え」（→p.15）。正しくセットされていないと、糸たて棒や糸こまに糸がからまったり、糸切れや針が折れたりする原因にもなります。糸こまのサイズより大きな糸こま押えを選び、奥までしっかり差し込むことが大切です。

大　中　小

中

糸こま押え

糸こまの直径より大きな糸こま押えを選んではめる。200m巻きであれば中サイズ以上で。

OK 大　NG 中　NG 小

300m巻きの大きな糸こまは、大サイズが適当。中・小サイズは糸こまの直径よりも小さいのでNG。

Q 裏側の縫い目がきれいにならない理由は？
A 糸のかけ方を今一度確認してみて

表側はきれいな縫い目に見えても、裏側がガタガタになってしまうという場合、いくつかの原因が考えられます。下にあげた5つのポイントを今一度確認しましょう。上糸をかけ直すときは、必ず押えを上げた状態でかけることを忘れずに！（→p.15）。

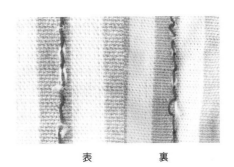
表　　裏

CHECKポイント
- 上糸はきちんとかかっている？
- 正しい糸こま押えがついている？
- ボビンは純正品？
- 下糸はきれいに巻かれている？
- 下糸をセットする向きは合っている？

Q 模様縫いってどう活用すればいい？
A 無地布をおしゃれに変身させてくれます

かわいらしい模様縫いは、入園入学グッズなどを作る際に、子供の印として活用するのがおすすめ。また、シンプルな布でポーチなどを作るのに、模様縫いを取り入れてみると効果抜群です。ラメ糸や段染め糸を利用するのもポイントになります。

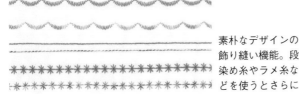
素朴なデザインの飾り縫い機能。段染め糸やラメ糸などを使うとさらに華やかに。

どんなふうに色が出るか、縫ってみてからのお楽しみなのが段染め糸のおもしろさ。色味も豊富。／＃50 キングスター　マルチカラー

ミシンで小花柄の連続模様をステッチした巾着。無地の布が大変身！

Q ミシンの動きが悪くなったら油を差してもいいの?

A 家庭用ミシンに注油は不要です

家庭用ミシンには、動作に必要な油があらかじめ塗布されており、ミシンを定期的に動かす(縫う)ことで、油が回るような構造になっています。少なくとも2～3カ月に1回、最低でも5分程度動かしましょう。それだけで油が回ります。職業用ミシンにはユーザー側で注油が必要なものもあるので、取扱説明書を確認してください。

Q ミシンの値段がピンキリで困る…

A 迷ったら大きさや重さをポイントに

移動が大変なのはストレスだからと、軽いタイプのミシンを選んでしまいがちですが、軽すぎると厚手の布を縫うときにミシン自体が動いてしまうなんてことも。大きくて重いのは、それだけパワーがあり、縫い目が安定するということでもあります。これからミシンを活躍させたいと考えているなら、7kg以上あるタイプがおすすめ。直線縫い、ジグザグ縫い、ボタンホール、自動糸調子機能がついていれば、たいていのものは縫うことができます。

Q 取扱説明書が難解すぎてわかりません

A ワークショップに参加するのがおすすめ

お手持ちのミシンのメーカーが開催するワークショップに参加してみるのがおすすめです。そのミシンのプロフェッショナルなので、質問したことはもちろん、それ以上のことを教えてくれることも。目の前で実践してもらえて、ミシンの奥深さも知ることができ、使い方が広がるはずです。

Q ミシントラブルを今すぐ解決するには?

A 専門店のスタッフは頼りになります

地元にミシン専門店などがあったら、スタッフの人と仲よくなっておくのがおすすめ。専門のスタッフさんはミシンの知識が豊富なので、いざというときには本当に頼りになります。ミシンの調子が悪くて困ったときに電話口で説明するだけでも、的確なアドバイスがもらえることも。

Q ミシンを保管するときの注意点は?

A ホコリと湿気から守ってください

ミシンには静電気のせいで、どうしても布の繊維やホコリがくっついてしまいがちです。使わないときは、付属のケースをかぶせるか、風呂敷などでカバーしておくといいでしょう。また、急激な温度変化があるような場所、結露するような場所には置かないようにしましょう。結露によってミシンの金属部分がさび、コンピューターの電子部品などにもダメージを与えかねません。押入れやクロゼットに保管する場合は、布団や衣類と同じように、湿気がこもらない工夫をしてください。

Q 何をやってもうまく縫えないときは?

A 一度クールダウンしてみましょう

家庭用ミシンはコンピューター制御されているので、想定以上の使い方を長時間していると熱をもってしまうことがあります。熱をもつと不具合も起こりがち。そんなときは一度リセットして一晩放置してみると、翌日はすんなり動いてくれることも。使っている人も、うまく縫えなくてイライラしているはずだから、一緒にクールダウンするのが得策ですよ!

手作りお悩み編

Q 返し口は
どのくらいあけておけばいい？

A 小物なら5〜8cm、
大物なら10〜15cmを目安に

作品サイズによりますが、薄地や小物であれば5〜8cm、厚地や大物なら10〜15cmくらいが目安。返し口が小さすぎると返すときにきついし、逆に大きすぎると、あとで返し口を閉じるのが大変です。

Q 端から端ってどこのこと？

A 布端から布端までを指します

作り方説明には「布を端から端まで縫う」「印から印まで縫う」などの指示がありますが、正解は写真の通り。〝布端〟と言っても、針が落ちてしまうほど布端でなくて大丈夫です。この使い分けは、このあとの作り方の工程によるものなので、必ず指示に従って縫ってください。

端から端（縫い代から縫い代）

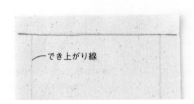

でき上がり線

印から印（でき上がりからでき上がり）

でき上がり線

Q 1周縫うなら
返し縫いはしなくてもいい？

A しなくて大丈夫です！

返し縫いは縫い目が重なって厚くなるので、どうしてもその部分だけ目立って見えます。表側から見える部分で、悪目立ちをできるだけ避けたい場合は、返し縫いなしのほうが仕上がりもきれいです。1周縫ってきたら、縫い始め部分に少し重ねて縫えばほどけることはありません。心配なら、最後に3針だけ返し縫いで戻るようにしましょう。

Q 表袋と裏袋のサイズが
合いません…(泣)

A 伸びやすい布でできた袋を
下にして縫ってみて

ミシンで2枚を重ねて縫うとき、上にある布が余りがちになるのは、送り歯に当たる下の布のほうがたくさん送られるからです。だから、違う素材の表袋と裏袋を合わせて口まわりを縫う場合は、伸びやすい布のほうを下にして縫うと、ちょうどよくなることが多いです。同じ素材の表袋と裏袋であれば、上側の布の送りを、目打ちなどで補助しながら縫いましょう。それでもどうしても合わないようなら、縫う前に裏袋を全体的に少し小さく作り直しておくのもアリです。

A
裏袋
表袋

B
裏袋
表袋

A 表裏が違う布の場合

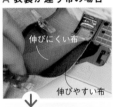
伸びにくい布
伸びやすい布

↓

OK

送り歯の力を逆手にとって布の伸び方の差を相殺したことで、ぴったり縫えた。

B 表裏が同じ布の場合

そのまま縫うと…

上の布がたるんできた

↓

縫い終わりにしわが寄った

NG

補助しながら縫うと…

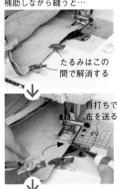
たるみはこの間で解消する

目打ちで布を送る

↓

脇や合い印などを合わせてクリップ（またはまち針）をとめたら、できるだけその間でたるみを解消させるのがコツ。目打ちを矢印のように動かして、布送りを補助しながら縫うとよい。

たるまずきれいに縫えた
OK

Q 布に合わせた 糸の色の選び方を知りたい！

A 淡い色地にはさらに淡い色を 濃い色地にはさらに濃い色を

布と同色の糸を選ぶのが基本ですが、同じ色糸がない場合は、淡い色の布には布より少し淡い色を、濃い色の布には布より少し濃い色の糸を選ぶとなじみやすいです。柄布は、布の中でいちばん多く使われている（面積が広い）色か、逆にアクセントになる色を選んでも。写真のように、糸こまから伸ばした糸を布の上にのせると、わかりやすいですよ。

淡い色の布	濃い色の布

柄物の布

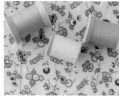 

どの色でもOK! ／ ベージュは万能

Q ファスナーは 長さ調節ができるの？

A コイルファスナーやフラットニット® ファスナーなら簡単です

金属ファスナーやビスロン®ファスナーの長さ調節は、道具が必要で手間がかかりますが、ムシが柔らかい〝コイルファスナー〟や〝フラットニット®ファスナー〟なら、ハサミで切れるので手軽に長さを変えられます。20cmファスナーを17cmにする方法で解説します。

1 スライダーは上止めまで閉じた状態で測る

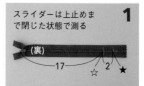
（裏） 17 ☆ 2 ★

ファスナー上止めから17cm（☆）と19cm（★）に印をつける。

2

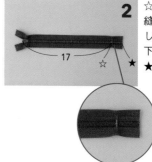
17 ☆ ★

☆の位置で、ムシを手縫いまたはミシンで返し縫いをし、ファスナー下止めの代わりにする。★の位置でカットする。

Q カーブをきれいに出す コツは？

A 縫い代に切り込みや、 ぐし縫いをする方法があります

布を中表に合わせてカーブを縫い、表に返すとき、カーブの形によっては、つれたり、縫い代が重なってゴワついてしまうことがあります。カーブ部分の縫い代が内側で重なってしまうことが原因なので、そんなときは縫い代に切り込みを入れましょう。また、カーブ部分の縫い代にぐし縫いをして引き絞るのも、きれいに仕上げるひと手間です。

普通地	厚地

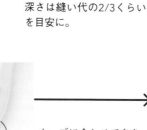

切り込みの間隔は約1cm、深さは縫い代の2/3くらいを目安に。

カーブの縫い代を三角形に切り落とすと、表に返したときの布の重なりが軽減される。

ぐし縫い

（裏） ぐし縫い ／ （裏） 玉どめ 糸を引き絞る → （表）

縫い代にぐし縫いをする。

カーブに合わせて糸を引き絞り、縫い代を折って玉どめする。

表に返して形を整える。

手作りお悩み編

Q 帆布の持ち手を重ねて縫うには？

A クリップ代わりに両面テープを使ってみて

帆布でバッグなどを作るとき、クリップでもとめられない位置に持ち手を仮どめさせたい場合は、両面テープを使うと便利。その際、テープの上を縫うと接着剤でミシン針が汚れてしまうので、縫う位置をはずして貼るのがコツです。穴をあけたくないナイロンやラミネートなどの素材にも有効です。

両面テープ

Q 仮どめとしつけってどう違うの？

A 仮どめは必ずしも縫わなくていいもの、しつけは手縫いです

どちらも本縫いの前に行う作業であることは同じです。「仮どめ」は位置を決めてクリップでとめたり、位置からずれないように縫いとめておいたりすること。いっぽう、「しつけ」は、重ねた布同士がずれないよう、しつけ糸を使って手縫いでとめておくこと。しつけをすればまち針がはずせるので、そのあとの作業がやりやすくなったりもします。

仮どめ

仮どめはでき上がり線に近い位置で

でき上がり線

仮どめ

裏布を重ねる前にファスナーを仮どめ

バッグの持ち手を、本体に仮どめ。曲がるのを防ぐため、縫い代上のでき上がり線に近い位置を縫っておくとよい。

ファスナーを表布と裏布に挟んで縫うときに、でき上がり線の外側で縫いとめておく（➡p.51）。

しつけ

しつけ

たとえばカーブを縫うとき、まち針がたくさん刺さっていると、動かしにくいうえに手に刺さってしまうことも。その点、しつけは布同士をしっかり固定できるので、作業がしやすくなり、縫いずれの心配も減る。

Q 角をきれいに出すコツは？

A 角の縫い方と縫い代のカットに小ワザアリ！

作品の角がビシッと決まると、見栄えがワンランクアップします。縫うときは角に余裕をもたせること、また、表に返す前に縫い代をカットして、重なりを減らす工夫をするのがコツです。

L字に縫う場合
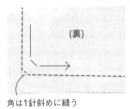
（裏）
角は1針斜めに縫う

脇から底を続けて縫うとき、角の1針手前で一度止まり、角は斜めに縫う。角まで縫わずに少し余裕をもたせると、表に返したときに角がきれいに出る。

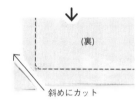
（裏）
斜めにカット

角を斜めにカットする。

底を「わ」に縫う場合
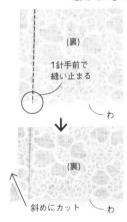
（裏）
1針手前で縫い止まる
わ
（裏）
斜めにカット
わ

脇だけを縫うときは、「わ」の1針手前で止まり、返し縫いをして縫い終わる。こちらも角まで縫いきらずに余裕をもたせておくと、目打ちを使わなくてもきれいに角が出る。

脇の縫い代のみを斜めにカットする。

Q バイアスになった布を上手に縫うには?

A 伸び止めテープを利用しましょう

布はバイアス（布のみみに対して斜め45度の向き）の方向に伸びるので、カーブやバイアス方向に縫う際は、気をつけていないと縫い目がヨレヨレになってしまうことも。こんなときは、あらかじめ縫い代に「伸び止めテープ」を貼っておくとよいでしょう。ニットやウールなど伸縮性のある素材にも向いています。

布がヨレヨレ
に伸びている

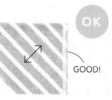
GOOD!

ニット状になっていて、布の風合いを損なわない。アイロンで接着して使う。
伸び止めテープ10mm幅×25m巻き／クロバー

伸び止めテープ

Q 縫い代をどちらに倒せばいいか悩みます…

A デザインによりますが、目立たせたいパーツのほうに倒します

布が薄くて透けるようなら、色の濃いほうに倒すのが基本。それ以外はお好みですが、迷ったら目立たせたいパーツ側に倒すと覚えましょう。バッグの側面に切り替えをつける場合は、底側に倒すと安定感のある印象に。いっぽう、口布がつくデザインなら、口布側に倒すとポイントになります。

側面を切り替える場合

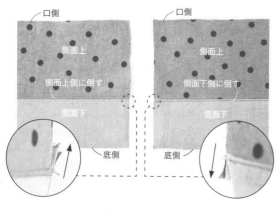
口側　口側
側面上　側面上
側面上側に倒す　側面下側に倒す
側面下　側面下
底側　底側

側面上と側面下を縫い合わせ、縫い代を倒した側の折り山にステッチをかけた。右は側面下が盛り上がるので安定感が出る。

口布をつける場合

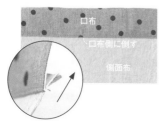
口布
口布側に倒す
側面布

バッグの口布は縫い代を上に倒して折り山にステッチをかけたので、口布側が盛り上がって見える。

Q パイピングのステッチをはずさないようにするには?

A まち針の打ち方を工夫し、しっかり縫い目を隠しましょう

パイピングは裏側の縫い目をしっかり隠して縫うことが重要。まち針は垂直に刺し、裏側のパイピング布を引っぱるようにしながら、すくってとめれば縫い目はしっかり隠れます。(➡p.56「パイピング」も参考に)。

1

縫い目のきわに刺す
（表）

パイピング布を表側に縫いつけて縫い代をくるんだら、まち針を表側から、縫い目のきわに垂直に刺す。

2
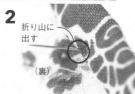
折り山に出す
（裏）

裏側のパイピング布の折り山に針を出す。まち針を垂直に刺していれば、最初の縫い目は隠れるはず。

3 まち針はそのまま下向きに
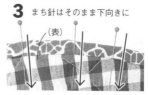
（表）

まち針を本体の下側に向かってひとすくいして表に出す。下側にすくうことで、裏側のパイピング布がより下に引っぱられる。

4

（表）

（裏）

表側を見ながら縫う。パイピング布の上でもいいし、パイピング布のきわを縫っても、裏側ははずれない。

How to make ┊作り方┊

● 作り方イラスト内の数字の単位はcmです。

● 材料で○×○cmと記載されているものは、横×縦です。

● 用尺は少し余裕をもたせたサイズです。

● 作り方ページに「実物大型紙あり」と表示されている作品は、
一部、または全てのパーツを、綴じ込みの実物大型紙を使って作ります。
表示がない作品は、パーツが直線でできているので型紙がありません。
解説図内の寸法を見てご自身で型紙を作るか、布に直接線を引いてご用意ください。

p.58
スタイ

材料
表布25cm四方、裏布25cm四方、4cm幅バイアステープ155cm。

でき上がりサイズ：約縦22×横23cm

実物大型紙あり

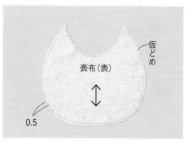

仮どめ

表布（表）

0.5

1 表布と裏布を縫い代なしで裁ち、外表に合わせて周囲を仮どめする。

p.58を参照して本体の外まわりにバイアステープを縫いつけます

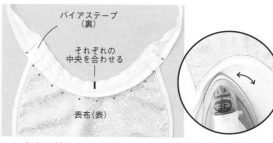

バイアステープ（裏）

それぞれの中央を合わせる

表布（表）

2 表布の首まわりにバイアステープ（80cm）を中表に合わせ、まち針で細かくとめる。首まわりのカーブに沿うように、あらかじめテープを曲げてアイロンをかけ、くせづけをしておくととめやすい。

バイアステープ（裏）

折り目を縫う

表布（表）

3 バイアステープの折り目の上を縫う。

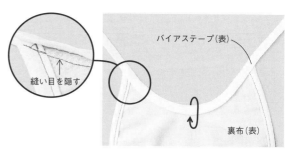

縫い目を隠す

バイアステープ（表）

裏布（表）

4 バイアステープを表に返し、**3**の縫い目を隠すように縫い代をくるむ。

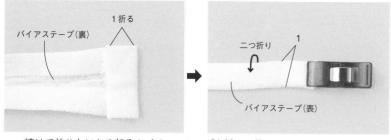

バイアステープ（裏）

1折る

二つ折り

1

バイアステープ（表）

5 続けて首ひもになる部分のバイアステープを折る。端は1cm折り込む。

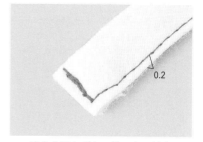

0.2

6 表布を見ながら、首ひも、衿ぐり、首ひもと、バイアステープの端から端までを縫う。

完成！

p.59
キルティングバスケット

でき上がりサイズ：約底直径13×高さ12cm

実物大
型紙あり

材料

表布用キルティング地60×35cm、4cm幅バイアステープ60cm、2.5cm幅杉綾テープ60cm。

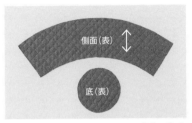

p.59を参照して側面を縫い、縫い代をバイアステープでくるみます

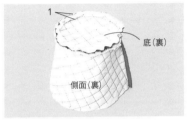

1 キルティング地で側面、底各1枚をカットする。

2 側面と底を中表に合わせて縫う。

3 バイアステープを側面に写真のように重ね、仮止めクリップでとめる。このとき、バイアステープの折り目が2の縫い目より外側（縫い代側）にくるようにする。

4 バイアステープの折り目を縫う。

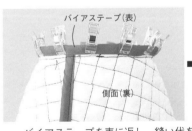

5 バイアステープを表に返し、縫い代をくるんで仮止めクリップでとめる。4の縫い目を隠すようにくるむのがコツ。

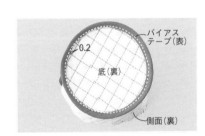

6 バイアステープを縫う。

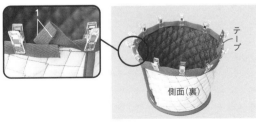

7 直線部分の縁どりは、バイアステープの代わりに杉綾テープやリボンを二つ折りにしてくるんでもOK。口側の縫い代をテープでくるみ、端は1cm折って約1.5cm重ねる。

8 表を内側にして、写真のように表を見ながら縫うとよい。表に返して形を整える。

完成！

117

p.64
ポンポン付き
ミニトート

材料
本体表布・持ち手70×40cm、外ポケット表布・本体裏布65×30cm、外ポケット裏布15cm四方、飾り布a 15cm四方、飾り布b 15×10cm、飾り布c 15cm四方、接着芯15×25cm、1.5cm径ポンポンブレード50cm。

でき上がりサイズ：約縦21×横23cm

☆縫い代は指定以外1cmつける

1 ： 各パーツを作ります

［外ポケット］

①表布と裏布を中表に合わせ、返し口を残して縫う

ポケット口

p.64を参照

<外ポケット>

裏布（裏）
表布（表）
返し口5
7
7
カットする
ポケット口

③ポケット口にステッチをかける
②表に返して返し口をとじる
表布（表）

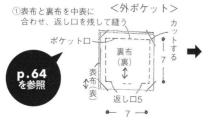

［持ち手］

裁ち切り
6
（裏）
四つ折りにして縫う
31
（表）
1.5
●2本作る

［飾り布］

①a・b・cを中表に合わせて縫い、ステッチをかける
②接着芯を貼る
a
7
b
5
21
c
9
9
（表）

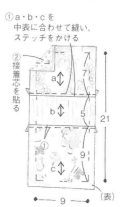

2 ： 表袋と裏袋を作ります

［表袋］

①前面を作る
⑦飾り布の両脇の縫い代を折って縫いつける
⑨持ち手を仮どめする
12
口側
持ち手
（表）
飾り布（表）
2
2.5
2.5
23
21
①外ポケットを縫いつける
外ポケット表布（表）

②後ろ面は前面と同寸に裁ち、①-⑨と同様に作る
前面（表）
口側
後ろ面（裏）
③①と②を中表に合わせ、口側を残して縫う
※裏袋は表布と同寸に裁ち、（底に返し口10cmを残す）③と同様に作る

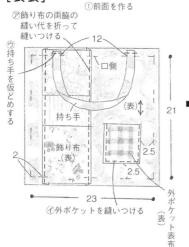
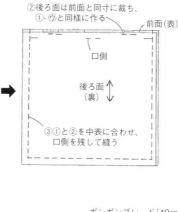

3 ： まとめます

①表袋と裏袋を中表に合わせて口側を縫う
表袋（裏）
裏袋（裏）

②表に返して返し口をとじ、口まわりにステッチをかける
③口まわりにポンポンブレードを重ねてまつる
ポンポンブレード（48cm）
1 折る
裏袋（表）
表袋（表）

端ミシンは p.25 へ GO

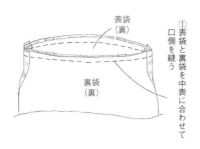

p.65
メンズテイストの
バネポーチ
....

でき上がりサイズ：約縦13×横14cm、まち幅約6cm　実物大型紙あり

材料

側面表布50×20cm、口布・底表布75×15cm、裏布30×40cm、接着芯70×20cm、12cm幅カン付きバネ口金、ナスカン付き持ち手、好みの飾り。

☆縫い代は指定以外1cmつける

1　口布を作ります

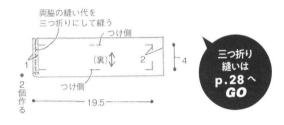

両脇の縫い代を三つ折りにして縫う

つけ側

（裏）

2

4

1

つけ側

2個作る

19.5

三つ折り縫いはp.28へGO

2　裏袋を作ります

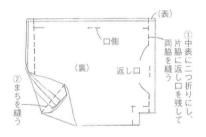

（表）

口側

（裏）

返し口

① 中表に二つ折りにし、片脇に返し口を残して両脇を縫う

② まちを縫う

3　表袋を作ります

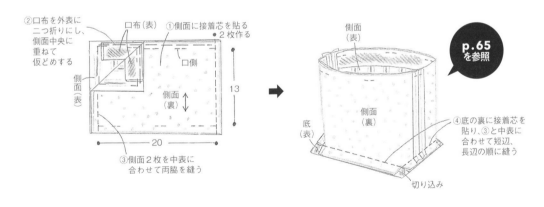

② 口布を外表に二つ折りにし、側面中央に重ねて仮どめする

① 側面に接着芯を貼る 2枚作る

口布（表）

口側

側面（表）

側面（裏）

③ 側面2枚を中表に合わせて両脇を縫う

20

13

側面（表）

側面（裏）

底（表）

p.65を参照

④ 底の裏に接着芯を貼り、③と中表に合わせて短辺、長辺の順に縫う

切り込み

4　まとめます

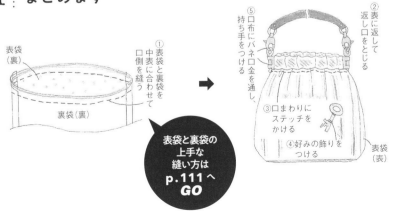

表袋（裏）

① 表袋と裏袋を中表に合わせて口側を縫う

裏袋（裏）

表袋と裏袋の上手な縫い方はp.111へGO

② 表に返して返し口をとじる

⑤ 口布にバネ口金を通し、持ち手をつける

③ 口まわりにステッチをかける

④ 好みの飾りをつける

表袋（表）

p.66
サイコロ風
キューブ型バッグ

でき上がりサイズ：約幅20×奥行20×高さ20cm

☆縫い代は指定以外1cmつける

材料
側面表布b・内ポケット・裏布75cm四方、側面表布
a50×30cm、底表布・持ち手50×35cm、2cm径ポン
ポン10個。

1 各パーツを作ります

［持ち手］

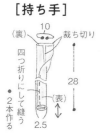

10
(裏)
裁ち切り
四つ折りにして縫う
28
(表)
2.5
●2本作る

［内ポケット］

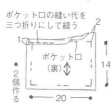

ポケット口の縫い代を
三つ折りにして縫う
2
1
ポケット口
(裏)
14
●2個作る
20

2 表袋を作ります

p.66を参照

①側面aと底を中表に合わせて
1辺をでき上がりまで縫う

口側
底
(表)
側面a
(裏)
20
20

②もう1枚の側面aを底と縫う
①と同様に側面b2枚を底と縫う

7
口側
側面b
(表)
口側
側面a
(表)
底
(表)
側面a
(表)
口側
側面b
(表)
口側

※側面bは側面aと同寸に裁つ

③側面を立ち上げ、
中表に合わせて縫う
（底側はでき上がりまで縫う）

側面a(表)
側面b(表)
口側
口側
側面b(裏)
側面a(裏)

3 裏袋を作ります

①側面を作る
⑦内ポケットを仮どめする
中央に仕切りのステッチをかける

口側
側面(表)
内ポケット(表)

※裏布は表布と同寸に裁つ
●2枚作る
（1枚は仕切りのステッチなし）

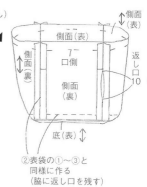

側面(表)
側面(表)
7
口側
口側(裏)
側面(裏)
返し口10
底(表)

②表袋の①〜③と
同様に作る
（脇に返し口を残す）

4 まとめます

①表袋と裏袋を中表に
合わせて口側を縫う

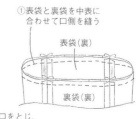

表袋(裏)
裏袋(裏)

②表に返して返し口をとじ、
口まわりにステッチをかける

裏袋(表)

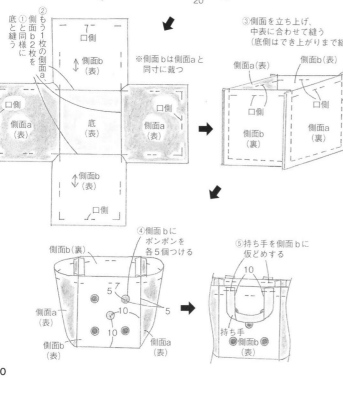

④側面bに
ポンポンを
各5個つける

側面b(裏)
7
5
側面a(表)
10
5
10
側面b(表)
側面a(表)

⑤持ち手を側面bに
仮どめする

10
持ち手
側面b(表)

表袋(表)

p.67

オーバルバスケット

· ·

でき上がりサイズ：
（大）約底短径20.5×長径29cm×高さ約16cm
（小）約底短径13.5×長径21.5cm×高さ約13cm

実物大
型紙あり

※〔 〕内は大の寸法　☆縫い代は指定以外1cmつける

材料 （バスケット小）

前側面表布 a・後ろ側面表布 c 50×25cm、前側面表布 b・後ろ側面表布 d・底表布・持ち手90×25cm、裏布80×40cm、接着芯80×40cm、1cm幅リボン10cm。

1 : 持ち手を作ります

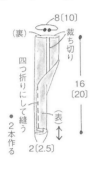

8〔10〕
（裏）
裁ち切り
四つ折りにして縫う
16〔20〕
（表）
●2本作る
2〔2.5〕

2 : 表袋と裏袋を作ります

[表袋]

①前側面を作る

⑦aとbを中表に合わせて縫う

口側

b　a

⑦接着芯を貼る　（表）

②後ろ側面をcとdで①と同様に作る

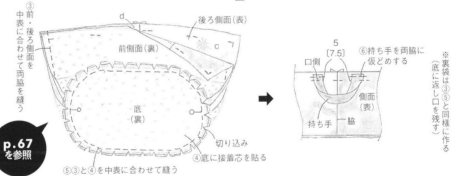

③前・後ろ側面を中表に合わせて両脇を縫う

d　後ろ側面（表）
前側面（裏）　c

底（裏）

p.67 を参照

⑤③と④を中表に合わせて縫う

切り込み

④底に接着芯を貼る

5〔7.5〕
口側
⑥持ち手を両脇に仮どめする

側面（表）
持ち手　脇

※裏袋は③⑤と同様に作る（底に返し口を残す）

3 : まとめます

①表袋と裏袋を中表に合わせて口側を縫う

表袋（裏）

裏袋（裏）

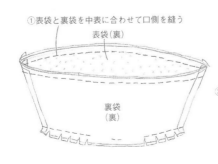

②表に返して返し口をとじ、口まわりに端ミシンをかける

裏袋（表）

③飾りを作ってつける

表袋前面（表）

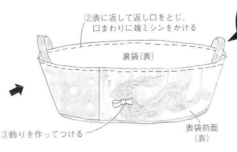

端ミシンは p.25 へ GO

[飾りの作り方]

⑦リボン（7cm）を三つ折りにする

⑦リボン（3cm）を中央に巻く

⑦後ろで縫いとめる

3

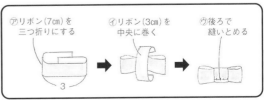

p.68
花びらトレイ

材料 （大1個分）

表布30cm四方、裏布30cm四方、片面接着キルト芯30cm四方。

でき上がりサイズ：
（大）各約直径20×高さ4cm
（小）各約直径10×高さ2cm

実物大
型紙あり

p.68を参照して本体の周囲を縫います

1 縫い代1cmを残して余分をカットする。

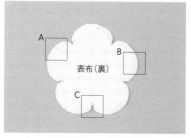

2 カーブに切り込みを入れ、キルト芯は縫い目のきわでカットする。鋭角部分の縫い代は三角に深くカットする。

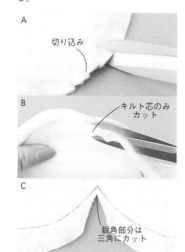

A 切り込み

B キルト芯のみカット

C 鋭角部分は三角にカット

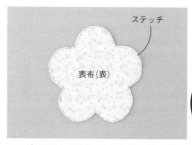

ステッチ

表布（表）

端ミシンは
p.25へ
GO

3 表に返して返し口をとじ、形を整える。周囲に端ミシンをかける。

きれいな
糸始末の
方法は
p.72へ
GO

1.5（0.5）

3（1.5）

裏布（表）

4 花びら部分を中表に二つ折りにし、矢印のように、外側から内側に向かって縫う。5カ所全てつまんで縫い、糸始末をする。※（ ）内は小の寸法。

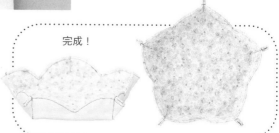

完成！

p.88
別まち付きポーチ

でき上がりサイズ：約縦11×横18cm、まち幅約4cm

材料

側面表布・端布45×20cm、まち表布・側面裏布・まち裏布40cm四方、接着キルト芯30×40cm、20cmファスナー1本。

実物大
型紙あり

☆縫い代は指定以外0.7cmつける

1 表袋を作ります

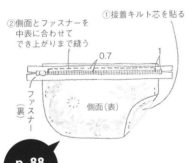

②側面とファスナーを中表に合わせてでき上がりまで縫う
①接着キルト芯を貼る
0.7
1
側面(表)
ファスナー(表)
ファスナー(裏)

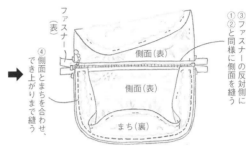

ファスナー(表)
①③②ファスナーの反対側に同様に側面を縫う
④側面とまちを合わせ、でき上がりまで縫う
側面(表)
側面(表)
まち(裏)

p.88を参照

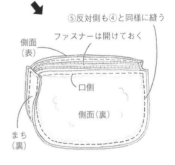

⑤反対側も④と同様に縫う
ファスナーは開けておく
側面(表)
側面(表)
口側
側面(裏)
まち(裏)

2 裏袋を作ります

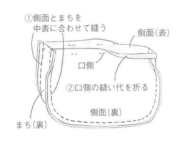

①側面とまちを中表に合わせて縫う
側面(表)
口側
②口側の縫い代を折る
側面(裏)
まち(裏)

3 まとめます

②表袋と裏袋を外表に合わせ、裏袋をファスナーにまつりつける
裏袋(表)
表袋(表)
①ファスナーをつける
端布をファスナーの端に

［端布のつけ方］

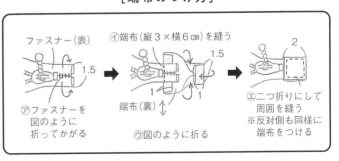

ファスナー(表)
㋐ファスナーを図のように折ってかがる
1.5
①端布(縦3×横6cm)を縫う
端布(裏)
1
1
㋒図のように折る
1.5
2
㋓二つ折りにして周囲を縫う
※反対側も同様に端布をつける

p.92
エプロンワンピース
....

でき上がりサイズ：フリーサイズ

実物大
型紙あり

材料

スカート・ポケット・胸当て・見返し・肩ひも・腰ひも・ベルト110cm幅×2.1m、接着芯85×25cm。

裁ち合わせ図
☆縫い代は指定以外1cmつける
※ □ は接着芯を貼る

胸当ては実物大型紙、そのほかは表示の寸法を参照し、指定の縫い代をつけてカットする。見返しとベルト2枚には、表布と同寸の接着芯を貼る。

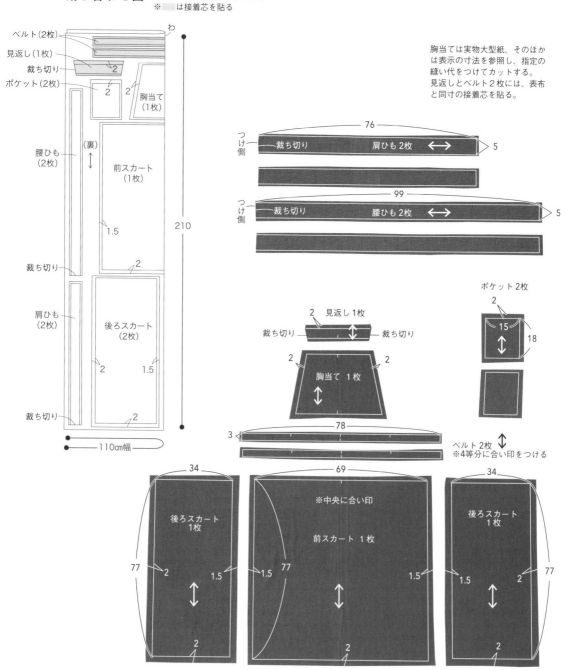

p.101

トップファスナー
リュック

....

でき上がりサイズ：
約縦40×横30cm、まち幅約11cm

材料

前側面表布・後ろ側面b・口布・底表布・
肩ひも・持ち手・外ポケット表布・端布・
ループ布110cm幅×80cm、後ろ側面a・
フラップ35×65cm、後ろ内ポケット表
布用キルティング地35cm四方、裏布・
前内ポケット・ファスナーポケット
110cm幅×90cm、接着キルト芯90×45
cm、2.5cm幅テープ90cm、2cm幅両折り
バイアステープ1.3m、1cm幅リボン85
cm、38cmファスナー1本、20cmファス
ナー1本、2.5cm幅送りカン2個、1.4cm
径マグネットホック（縫いつけタイプ）
1組。

実物大
型紙あり

☆縫い代は指定以外1cmつける
※▨▨▨は接着キルト芯を貼る

寸法図

外ポケットのフラップは実物大
型紙、そのほかは下記の寸法図
を参照し、指定の縫い代をつけ
てカットする。後ろ側面aと底、
肩ひもには、裁ち切り（縫い代
なし）で接着キルト芯を貼る。

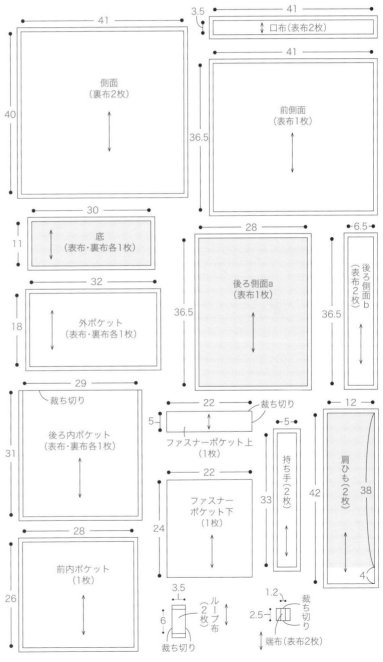

Index

取材協力会社（50音順）

クロバー　https://clover.co.jp/　☎06-6978-2277（お客様係）
ブラザー販売　https://www.brother.co.jp/　☎0570-061-134

新規撮影協力

吉森晴美（ブラザー販売　セールスエデュケーター）

STAFF

構成・取材　伊藤洋美
デザイン　ohmae-d（中川 純　伊藤綾乃　浜田美緒）
新規撮影　有馬貴子　岡 利恵子（ともに本社写真編集室）
スタイリング　南雲久美子
校閲　滄流社
型紙配置・編集担当　北川恵子

Special Thanks（50音順・敬称略）

赤峰清香、井田ちかこ、komihinata、鈴木ふくえ、田巻由衣、
two bottle、中西美歩、中野葉子、長谷川久美子、平松千賀子、
藤嶋希依子、May Me、山本靖美、
その他カメラマン、ライター、スタイリスト、製図、
イラストレーターのみなさま

: 完全 :
: 編集版 :
一生使い続けたい！

ミシンの基礎&応用BOOK

編　者　主婦と生活社
編集人　石田由美
発行人　倉次辰男
発行所　株式会社 主婦と生活社
　　　　〒104-8357　東京都中央区京橋 3-5-7
　　　　https://www.shufu.co.jp/
　　　　編集部 ☎03-3563-5361　FAX 03-3563-0528
　　　　販売部 ☎03-3563-5121
　　　　生産部 ☎03-3563-5125
製版所　東京カラーフォト・プロセス株式会社
印刷所　TOPPAN株式会社
製本所　共同製本株式会社

ISBN978-4-391-15878-6

本書は『コットンタイム』No.133〜161に掲載したページを厳選し、新規取材を加えて再編集したものです。作品情報は取材当時のものであり、その後変更している場合もあります。あらかじめご了承願います。